「空氣」之研究

解析隱藏在日本人心中的決策機制：「讀」空氣

「空気」の研究

著｜山本七平
譯｜陳美瑛

單行本一九七七年四月文藝春秋出版。
本書為一九八三年十月由文春文庫出版的新版本。

「人若不是從水與聖靈（pneuma）[1]生的，就不能進神的國。」[2]

若想進入被稱為「神的國」這個新的「神的體制」（Basilea tou Theou），就必須根據「水」與「聖靈」這兩項要件改變信仰。

假如稍微改寫一下耶穌對於神國秩序的描寫，「人若不懂因空氣（pneuma）與水所形成的內心轉變，就不能進入人的國度」，那麼便可以說這句話描述的，正是日本的寫照。進入因空氣與水而不斷發生的內心轉變，進而經常建立新的「內心秩序」，亦即探尋日本特有的「人間秩序」（Basilea tou Theou）之範本，正是本書的宗旨。

1 〔譯註〕希臘文pneuma為「靈」之意，與「風」是同一個字。

2 〔譯註〕〈約翰福音〉第三章第五節。

目次

導讀 「空氣」與「水」：山本七平論日本

中央研究院史語所副研究員　藍弘岳

一、山本七平（一九二一～一九九一）是誰？

一九七〇年，有一本叫《日本人與猶太人》（日本人とユダヤ人）的書在日本出版，作者為以賽亞・班—達桑（イザヤ・ベンダサン〔Isaiah Ben-Dasan〕），譯者則是本書作者山本七平。此書從與猶太人對比的角度提出一套日本人論，在當時大受歡迎，共賣出三百萬部，也於一九七一年得到「大宅壯一非虛構文學獎」（大宅壮一ノンフィクション賞）。後來證實該書實際上是山本七平參考他自己與兩位猶太朋友對話寫成的。[1] 除了《日本人與猶太人》，山本也以「以賽亞・班—達桑」之名寫了《關於日本教》（日本教について，一九七二）、《日本教徒：創始人與現代知識分子》（日本教徒：その開祖と現代知識人，一九七六）等書。

以「以賽亞・班—達桑」為筆名所寫的書，與以山本七平之名所寫的書，皆有一共同特色，那就是經常從猶太人、基督教的角度來討論日本社會與文化的問題，即批評其所謂的「日本教」。理解山本思想的關鍵就在其基督教徒身分，因為在明治維新以後的近代日本社會中，信仰基督教的人往往不到總人口的百分之一。山本不僅本人是基督徒，且出身於信仰基督教的日本人家庭。山本於十六歲時正式受洗為基督徒，後畢業於青山學院高等商業學部。二戰期間，以陸軍少尉軍階在菲律賓呂宋島迎接日本的敗戰。他在俘虜收容所生活一段時間後回到日本，創立以出版《聖經》相關出版品為主的山本書店。一九七〇年代後，山本也開始活躍於日本論壇，從事評論日本社會、文化等方面的工作，是一位獨具一格的評論家、作家。

山本七平的著作眾多，除前述以「以賽亞・班—達桑」之名寫的書之外，尚有本書《「空氣」之研究》（「空気」の研究，一九七七）、《日本資本主義的精神：為何如此努力？》（日本資本主義の精神：なぜ、一生懸命働くのか，一九七九）、《聖經的常識》（聖書の常識，一九八〇）、《解讀論語：現代人必學的人類智庫》（論語の読み方：いま活かすべきこの人間知の宝庫，一九八一）、《帝王學：貞觀政要的領導藝術》（帝王學：〈貞観政要〉の読み方，一九八三）、《「現人神」的創造者們》（現人神の創作者たち，一

1 稻垣武，《怒りを抑えし者：評伝山本七平》（東京：PHP研究所，一九九七），頁三九八—三九九。

九八三）、《洪思翊中將之處刑》（洪思翊中将の処刑，一九八六）等等。其個人單獨書寫的著作多達六十本，尚有許多與他人共著的書籍及對談集等，總計超過一百本以上[2]。著作內容從日本人論到《聖經》相關著作，由中國古典的解說書乃至重要歷史人物的個人傳記等等，包羅萬象。但不外乎與其個人的宗教信仰、軍隊體驗及對日本社會、歷史文化批判有關。

如上述，儘管山本七平十分活躍在二戰後的日本社會，但學術界對其個人的評價則相當兩極。如專攻舊約聖書學與古代以色列宗教史的學者淺見定雄便寫下《偽猶太人與日本人》（にせユダヤ人と日本人）[3]來批評山本七平（イザヤ・ベンダサン）的名著《日本人與猶太人》在理解猶太人和《聖經》等方面有諸多錯誤。但另一方面，山本也擁有許多粉絲。稻垣武在其所著的《壓抑怒火的人：山本七平評傳》（怒りを抑えし者：評伝山本七平）中，就從相當正面的角度來評論山本七平的一生。大抵而言，山本的思想在意識形態上屬右翼、保守主義一方，故如《諸君》、《文藝春秋》等保守主義立場的雜誌便常刊載他的文章與對談集等。

誠然，山本並非學有專攻的一般學者，且其論述中的個人特色十分強烈，常使用具個人特色的語言與邏輯。然從另一方面來說，其著作透過一種比較文化論的視野，又往往能說出二戰後日本人會有所共鳴的獨特論點。如本書中的「空氣」論即是其中之一。

二、山本七平的日本論：「日本教」與「空氣」、「水」

眾所周知，一九七〇年代是日本經濟高度成長的顛峰期，日本社會流行所謂的「一億總中流意識」。日本人開始思考何以日本能從戰敗的廢墟中重新站起，建造出經濟繁榮的社會呢？日本人或日本社會是否擁有有別於歐美的特色與值得稱讚之處呢？在此類問題意識下，市面上出版了許多日本人論。山本七平的著作在一九七〇年代後之所以受到日本社會的歡迎，除其本人的特色與魅力外，也和一九七〇年代日本人論的流行有關。

山本七平的日本人論特色是，在其書中不斷使用「現人神」、「日本教」、「空氣」等概念來展開論述。首先，山本所謂的「日本教」，追本溯源即立基於與一神教的猶太教、基督教相對比的泛神論的世界觀，但沒有教義，日本人也無自覺自己是日本教的

2　參見〈山本七平著作目錄〉，收於稻垣武，《怒りを抑えし者：評伝山本七平》，頁四六二—四八三。

3　淺見定雄，《にせユダヤ人と日本人》（東京：朝日新聞社，一九八三）。

教徒。他說日本教的中心不是上帝（「神」），而是人（「人間」），而在日本理解人的定義無法以語言闡明，需靠言外之意[4]。所以，在日本這種高度需要依賴脈絡來理解語意的社會中，自然有許多人把當時社會主流的觀點當做自己的觀點，而當時社會主流相信的觀點就會形成本書所討論的「空氣」。「空氣」瀰漫在自己的四周，則形成某種宗教氣氛。此一日本社會特性即是「日本教」。即山本認為「日本教」沒有教義，而日本人的行動與判斷原則基本上就是「空氣」[5]。

至於其所謂的「空氣」到底又是什麼呢？如在本書中，山本舉了許多例子來說明。如他指出在太平洋戰爭末期，希望大和戰艦出戰的是「空氣」；而在二戰後的日本社會中，使媒體對公害問題（核能發電、汽車等）有狂熱反應的也是「空氣」[6]。「空氣」是一種難以名狀的曖昧概念，所以為了說明何謂「空氣」，他有時將之比喻為「有大絕對權的妖怪」、一種「超能力」[7]，解釋那是一種「非常強固且幾乎有絕對支配力的判斷基準」[8]。山本認為日本人之所以會採用某個結論，往往不是理性討論的結果，而是該結論適合那時的「空氣」。所以，是「空氣」使人們無法依自己的意志選擇，而「不得不」選擇「空氣」引導的決定[9]。而且，「空氣」會使基於理性判斷的少數意見遭到忽視，進而做出非理性的決定，而抵抗「空氣」的人即是「異端」。

山本所說的「空氣」有些像是一種強勢主流輿論，就此意義而言，這種會制約、主導人們行動的「空氣」現象絕不只是日本社會的問題，而是普遍存在於每個人類社會。但是，山本認為與以上帝為唯一絕對存在、其它事物皆被相對化的一神教文明相比，不存在絕對唯一上帝概念且是屬泛神論世界觀的日本社會，特別會受到「空氣」的支配。因為在日本這樣的社會中，原則上所有事物無法被相對化，所有的對象以臨場感方式[10]被絕對化地理解、掌握，但在時間之流中，其掌握的對象則會不斷變化。如有時經濟成長被絕對化，成為「空氣」，但在另一瞬間，公害問題被絕對化，成為另

4 山本七平，《日本人とユダヤ人》（東京：角川文庫，一九七一），頁一一三—一二八。
5 討論日本教的書籍和論文不少，本文主要參閱深谷潤，〈空気を読む「宗教」とキリスト者：山本七平の「日本教」再考〉《西南学院大学人間科学論集》第十四卷第一號，二〇一八），頁四一—五六。
6 山本七平，《「空気」の研究》（東京：文春文庫，二〇一八，新裝版），頁一六—三二。〔編註〕見本書，頁二一—三九。
7 山本七平，《「空気」の研究》，頁一九。〔編註〕見本書，頁二五。
8 山本七平，《「空気」の研究》，頁二二。〔編註〕見本書，頁二八。
9 山本七平，《「空気」の研究》，頁一四—一九。〔編註〕見本書，頁一九—二五。
10 〔編註〕為全書讀解之流貫，內文譯文仍採用山本七平寫作之原語「臨在感」。

一種「空氣」[11]。

按山本的論述，在日本，順從「空氣」就像是遵守一種宗教戒律，也是行動正當性的來源，否則就會受到孤立。這種重視「空氣」的日本社會習俗，與日本的島國環境，及過去日本封建時期農村封閉的生活等有關。如在過去不順從農村的公約乃至潛規則者會被「村八分」（受到全體村民的共同排擠）。有趣的是，山本在本書中也說到「村八分」是日本社會中「抗空氣罪」的最輕刑罰[12]。所以，其所謂的「空氣」可說是日本社會潛在的傳統思惟，是一種情感的支配體制。

然而，難道日本社會不存在一種解決這種空氣統治體制的方法嗎？山本的回答是，有的。所以在第二部中，山本七平認為在過去日本社會裡，其實存在著一種他所謂「加水」（水を差す，或譯「潑水」）的抵抗空氣統治方法。「加水」意指在濃的湯或熱水中加入水，使之淡化或變涼。這是一種比喻，即指使現實熱議的話題冷卻，回歸現實（「通常性」）。所謂的「水」大致指稱我們現存的實際情況，在「空氣」上「加水」就是要使之回歸現實，暴露「空氣」的虛構性。但「水」即是日本的現實，而日本的現實實際上又會使「空氣」統治的情況發生。也就是說，「空氣」是一時的，但「水」是民族、社會固有的通常性[13]。

按山本之論，日本社會的「水」（通常性）有：情況倫理（在那種情況下，那是正確的，在這種情況下，這是正確的倫理觀，一種現實追隨主義的精神）、集團倫理、平等主義（滅私的平等↓一君萬民觀念）等等[14]。有意思的是，山本認為這種情況倫理可追溯至《論語・子路篇》中之「父為子隱，子為父隱，直在其中矣」的相互包庇思惟，但他也強調那在日本社會中變形成為一種講求「忠孝一致」的「日本的儒教倫理」[15]。其結果就是創造出「一君萬民平等無差別」的「極權主義式的無責任體制」[16]。

三、代結論

總之，在山本之論中，上述之「空氣」與「水」結果成為日本人不可或缺的精神糧

11 山本七平，《「空気」の研究》，頁七三—七四。〔編註〕見本書，頁八一—八二。
12 山本七平，《「空気」の研究》，頁一九。〔編註〕見本書，頁二五。
13 北村知之，〈空気と水の論理学：山本七平『「空気」の研究』における美的諸相〉《福井縣立大學論集》第四十八號，二〇一七，頁九—一二。
14 山本七平，《「空気」の研究》，頁一一五—一三六。〔編註〕見本書，頁一一九—一四〇。
15 山本七平，《「空気」の研究》，頁一三七—一四八。〔編註〕見本書，頁一四〇—一五〇。
16 山本七平，《「空気」の研究》，頁一六一。〔編註〕見本書，頁一六三。

食，使日本社會成為一種泛神論式的神學統治體制，使日本人成為日本教的信徒。文中，山本不斷透過日本共產黨也是日本教信徒的方式批評日本共產黨和社會主義等，而其對日本教的批評其實反過來也強調日本人的特殊性，及其特殊性所支撐起的日本經濟成長。所以，其論調基本上受保守主義論壇的歡迎。

又，若熟知丸山真男思想的讀者在讀完山本之論，其實會感受到兩者對日本社會批評的相似處。如兩者當集中火力批評日本天皇制的問題，及以「無責任體制」理解之。但相對於丸山是學院派的自由派思想家，山本七平則是民間在野的保守派評論家，兩者的論述邏輯、使用語言有極大的差異。兩人之間可能有種思想間的影響關係，但篇幅已盡，此問題只能留待後論。最後，建議若對山本之論有興趣的讀者也可進一步翻閱筆者所譯的丸山真男《日本的思想》（遠足文化，二〇一九）。

不管如何，會不會讀「空氣」的確是在日本社會生存的重要技能，相關討論已有許多著作。至今依然有許多以「空氣」為名的書來討論日本人與日本社會的問題，如池田信夫的《「空氣」的構造：日本人為何做不了決定》（「空気」の構造：日本人はなぜ決められないのか。東京：白水社，二〇一三）即是。不管你喜不喜歡山本七平，你都不得不佩服他發現和闡釋「空氣」這一理解日本社會關鍵概念的能力。本書將引領讀者進入山本學的世界，也提供讀者理解日本社會的契機。

1 「空氣」之研究

一

許久之前，某教育雜誌的記者前來採訪，請教我對於「道德教育」的看法。與其說是請教看法，不如說對方其實根本不瞭解「道德教育」是什麼意思，於是我便先這樣回答了：

「日本社會在道德上有所規範是不爭的事實。前首相田中角榮辭去職務，與其說是政策上的失誤，倒不如說是道德上的問題。美國前總統尼克森因水門事件下台，也是如此……。道德力量如此強大，能夠迫使一國首相辭職下台，望向未來，顯然這樣的道德規範也將繼續存在，假使沒有讓孩子確實明白這是什麼樣的規範，將來他們進入社會勢必無所適從。因此，『現實社會中有這樣的規矩喔』，將此般事實當作知識或常識，有系統地教育孩子，這個義務便落到了老師的身上。要是不這麼做，孩子們就太可憐了。」

「這樣啊！所以您贊成道德教育呀！目前社會上大概也是這樣的空氣。」對方回應了奇怪而意味不明的話語，然後問道：「那麼，您認為應該從何處著手才好呢？」

我回道：「這個問題不難吧！首先，我認為可以先說明日本的道德就是差別道德，明白地點出這樣的現實狀況。」

然而，這個回答好像完全出乎對方的意料，對方驚訝地看著我說：「這……這……這……這樣講可就麻煩大了。」

「怎麼會呢？我並非主張『應該有所差別』，我只是主張最重要的是讓孩子理解到「差別道德」存在的事實。就算如實說出，也正因為是事實，所以就只是直接說出口而已。說出口本身沒什麼大不了，難的是說跟不說都很麻煩。」

「沒錯，雖然您這麼說也有道理，不過以現場的空氣來說……，那麼您有什麼樣的事實可以舉例呢？」

我舉了一個簡單的實例，那是發生三菱重工爆炸事件[1]時，某外媒特派記者所做的報導。根據報導指出，就算三菱重工發生爆炸，有重傷者倒臥在路上，人們也只是冷漠地在一旁觀看。現場當然也有各處聚集而來投入救援的人，不過如果詳加詢問，就會知道這些都是傷者所屬公司的同事，也就是所謂的「熟人」才會採取行動。由此即可看出，人們是以熟人／陌生人等明確的「差別道德」來對待傷者。如果以一個道德規律來說明這樣的情況，那就是「人們對於熟人、陌生人是有所分別的。當有人遭受危難，假如此人是自己認識的，人們就會用盡各種手段給予協助，否則就算發生在眼前，也會完全無視、不想有所牽連」。你也可以把熟人／陌生人分為團體內／團體外。事實就是大家都是依照這樣的道德規範行動。所以，批評是一回事，但是首先必須如實告知事實的真相，否則孩子就無法克服這樣的狀況。我要講的就是這些而已。

對方說：「那樣的事絕對不能說啦。首先，差別道德這種說法……」

「那麼，例如三菱重工爆炸事件那樣的情況，你要怎麼解釋呢？」

「嗯，你這樣問，我就頭大了，我也不知道該怎麼說。」

「為什麼會頭大？為什麼不知道該怎麼說？根本沒什麼好頭大的吧！只要直接說出事實應該就可以了。因為大家都這麼做，所以覺得自己也要這麼做，只是我自己絕對不會把這樣的規則明白說出口。日本的道德禁止人們說出自己行事的規範，如果說出口，就算說的是事實，日本人也會『把說出口視為不道德的行為』。因此絕對不能說出自己的行事規範，這就是日本的道德，而且大人們都這麼做。所以，認為這麼做

1〔譯註〕一九七四年發生在三菱重工業東京本社，由東亞反日武裝戰線組織引起的爆炸事件。

是正確的人，就請照著這樣做。你只要這麼說就好了。」

「不可能，這樣說的話就糟了。」

「不會喲，只要改變行為就好了。因為大家都這麼做，就會在不知不覺中潛移默化。你之所以會這麼做，也是因為是受到這種教育的緣故。以結果來說，大家對於上述的事件，做出非系統性且零碎的判斷，或是評判身邊發生的個別案例時，也同時是教育了下一代。而且，這麼做一點也不『頭大』吧。」

「您這麼說也是沒錯……」

「那就照這樣寫就好了，因為你也同意我『說得沒錯』。」

「不行，不行。首先，編輯部就不會同意。」

「為什麼？這是言論自由的時代吧。」

「喔不，就算您這麼說，但是最重要的是我們編輯部的空氣就不可能說出那種話。」

我覺得非常有趣的是，當時那位編輯再三提到「空氣」二字，他的自由意志被某種不明的「空氣」所束縛。可以說，控制他的並非前面我們討論到最後的結果，而是某種「空氣」，就如同人類不能沒有空氣一樣，他也擺脫不了「空氣」而使行為受到限制。因此，對方採用結論的情況也是一樣，他並沒有採用我們以邏輯討論的結果，而是採用是否迎合社會「空氣」的結果。該結論採用與否由「空氣」決定。因此，假如因「社會空氣就是這樣」的理由而遭拒，被拒絕者也無法反駁，因為人無法把「空氣」當成對象與之爭辯。「空氣」確實是呈現某種狀態的精準表達，人們也確實被無色透明而難以在意識上確認其存在的「空氣」所控制，因此，某種莫名其妙的絕對控制就成為了「精神上的空氣」。

我一直以來都有點在意「空氣」這個詞。而當我開始有所擔心，便發現這個詞彙早已無所不在了，如同一個「絕對的權威」發揮著驚人的影響力。「那樣的決定雖然值得商榷，不過當時的會議空氣……」、「從會議當時的空氣來說……」、「不瞭解當時社會整體的空氣就這樣批判……」、「不要沒考慮當時的空氣就說大話」、「當時的空氣跟我預想的完全背道而馳」等等，各處的人們都表現出為最終決定拍板的「是現場空氣，而不是人」。

令人驚訝的是連《文藝春秋》昭和五十年（一九七五）八月號的〈戰艦大和〉（吉田滿主編）一文中，也看到了這樣的內容：「以當時決策團隊的整體空氣來看，無論是當時或今日，（大和艦）特攻出擊都是再理所當然不過的決定。」（軍令部次長・小澤治三郎中將）。閱讀該文就會知道，所有阻止大和艦出擊的人手上，都擁有足以阻擋該決定的詳細數據資料，也就是擁有明確的根據。然而，主張大和艦應該出擊的人手上，完全沒有資料或立論根據，其合理性的依據就只有「空氣」二字。也因如此，我與前述採訪者經過各種討論之後，最後才會由「空氣」來決定我們的討論結果。做出最終決定，擁有「只能這麼做」的影響力的，就只有「空氣」這個因素而已。這是非常有趣的事實，因為這或許證明了「某種事物」凌駕於各種辯論與主張，並且控制了我們所有的言行舉止；從大問題到日常小事或是意料之外的突發事件等，「某種事物」都成為控制我們言行舉止的某種標準。讓我們再回到本單元最前面提到的三菱重工爆炸事件。當時約束爆炸現場人們的行為，並讓他們採取特定模式行動的，恐怕就是所謂的「空氣」，而且對於這種作為三緘其口的，也是「空氣」。

那麼，「空氣」到底是什麼呢？我想這恐怕是教育、研討、資料，甚至科學等，都極難說明的「現象」吧！就用前面提到的「差別道德」為例，假設有老師聽了我的話，詳細說明實際案例並教導學生「絕對不能做這樣的事喔」，但是我相信不僅是學生，即使是老師真正遇上突發事件，還是會受到「現場空氣」約束，並且做出自己曾經否定過的行動吧！這樣的例子一點也不稀奇。時至今日，千叮嚀萬囑咐「這絕對不能做」的人，一旦面臨緊要關頭，曾經說過「不能做」的事，竟就變成了「可以做」，甚至命令「去做！」。在戰場上，無論是直接或間接的這類情況，我自己也經歷過了好幾次。戰後，我問對方這麼做的理由，對方的回答一定都是「那時候的空氣使我不得不這麼做呀」。

所謂「不得不」就是「被迫」，而非自己的自由意志。假如強迫他的真的是「空氣」，因為既沒有人能夠追究「空氣」的責任，也沒有方法能夠得知「空氣」是透過何種論證過程而達到那樣的結論，所以最終就只能說出「空氣」二字。前述〈戰艦大和〉就是非常有趣的案例，此例呈現出「空氣」與「邏輯、數據」的對決，最後「空氣獲勝」的過程。以下我再引用其中部分內容。

值得注意的是，那時在會議現場的都是海軍、船艦與空軍等專家，沒有外行人的干預。此外，日本自昭和十六年（一九四一）起，持續與美軍那樣的對手交手，是完全瞭解對方實力的。大和艦的出擊可說是由一群經驗豐富的菁英做出的判斷，無法說是無知、沒見識、資訊不足所造成的錯誤。首先，塞班島被攻占時，這個方案就已經被提出了，不過「軍令部以軍艦難以抵達戰場，以及就算軍艦能夠順利抵達，主砲也必須在發電機、水壓、電力等都完好的情況下才能射擊等理由駁回」。因此，從理論上來說，除非有資料證明沖繩島戰役與塞班島戰役不同、客觀情勢產生了變化，判斷大和艦「能夠毫髮無傷抵達戰場」，否則大和艦出擊這個方案在邏輯上根本就是行不通的。然而，我想不出當時的客觀情勢有任何改變。假如把塞班島、沖繩等兩組資料交由電腦處理，讓電腦來判斷，既然塞班島的結果是No，當然沖繩的結果也會是No吧！因此，如前面引用的「以當時決策團隊的整體空氣來看……」，塞班島戰役不曾存在的「空氣」，卻在沖繩島戰役時產生了，我只能認為是那樣的「空氣」做出了決定性的判斷。

明確突出此點的，就是三上作夫參謀長與伊藤整一司令長官之間的對話。由於伊藤長官並不清楚當時的「空氣」，當然無法贊成大和艦出擊的作戰策略。首先，負責說明的三上參謀自身即認為「無論什麼狀況，讓毫無防備的艦隊穿過滿布敵軍機動部隊的公海，都不是正確的作戰形式，這是顯而易見的」，所以伊藤長官聽了說明後不可能贊成。同時他也不可能被什麼菁英、理論上的詐術所蒙騙。然而，當他聽到「為了配合陸軍的總反擊，切斷敵軍的登陸點，希望你能拉高層級、多考量陸軍的狀況」，正因為身為菁英，他更深刻瞭解了那句話的意思，也明白這已經是無法與之討論的對象——「空氣」的決定。最終，他放棄反駁，也不深究懷疑的部分，回答：「若是如此，那就什麼都不用說。我完全理解」。這個「理解」的意涵，當然不是邏輯上明白了對方說明的內容。戰略方案的不可行，從塞班島戰役應該早就獲得證明，因此他「理解了這是空氣的決定」，既然如此，多說無益，所以他也只能說「什麼都不用說」。

針對這個情況，最高責任者，也就是聯合艦隊司令長官，戰後又是如何回應的呢？「戰後，世人或史學家譴責當時的戰略太過於輕率，對於這樣的評論，我除了回應當時**只能這麼**做，其餘的我不想多加辯解。」顯然當時他們並不是基於任何的資料數據而做出這個決定。那也是可想而知的，當時讓他們「只能這麼做」的是「空氣」。於是，「因為軍中有抗命罪，無法違抗命令」的爭論也就變得有點不大貼合實情。倒不如說是因為日本社會有「抗空氣罪」，一旦觸犯此法令，最輕就是遭受「村八分」[2]的處罰，與你是軍人／非軍人、戰前／戰後等似乎無關。

所謂的「空氣」是擁有真正絕對威權的妖怪，也或許是某種「超能力」。畢竟，專家聚集的海軍領導群強行通過「非正確作戰形式」的「明顯事實」，在那之後，最高負

2〔譯註〕村八分：日本傳統中，若有人不遵守規矩就會遭到「村八分」的對待，亦即除了火災與葬禮之外，與此人有關的所有事物一律無視。

責人將陷入完全無法說明「當時為何那麼做」的狀態，極難想像當初會做出那樣的決定。這麼一來，無論是統計、資料或是分析，以及相關的科學方法、邏輯論證等，一切都將白費，再怎麼精密組合這些科學方法，一旦遇到突發狀況，這些方法可能都會被忽略，所有的一切都將由「空氣」決定。若是如此，要是不先搞清楚「空氣」的真面目，我們將完全無法想像未來會發生什麼事。

那麼二次大戰之後，這個「空氣」的威力到底是衰弱了？還是更強大呢？我當然無法做「戰前／戰後之空氣比較」等研究，所以不能對此做出任何評論。然而，我認為所謂的「空氣」跟以前一樣，依舊發揮強大的影響力。不過，戰後我們改用了「氣氛」（mood）這個詞彙，例如用「從當時會場的整體氣氛來說……」，取代了以前「會場的空氣」的用法，或者，有時這個「空氣」會形成一股旋風式的氣氛等等。無論是哪種用法，都是戰前／戰後與「空氣」同系列的用語表現。而這樣的「空氣」控制著一切，統領著一切、成為強而有力的規範，封住每個人的嘴，這樣的現象從古至今不曾改變。

最近我看到了一本小冊子，是專家在談論汙染的議題；其間屢次讀到「在目前的空氣之下，再怎麼樣也不能在媒體上談論」這類的內容。特別是關於複合性汙染的問題，如果是金屬，把金屬合成，毒性就會變少等資訊。雖然我不是專家，但也對：這是「以毒攻毒」嗎？這是不是所謂的「自然回復力」？等各方面的知識非常感興趣，不只是關心解決汙染的問題。然而，就算這類的資訊清楚地公開，彷彿也飄散著「無法說出口的空氣」。這樣的現象表現在各方面，不僅限於汙染的問題。假如日本再度面臨滅亡，使日本陷入滅亡的是與大和艦類似的「空氣」，滅亡後，最高負責人被追究當時判斷的理由，我想其回答應該也是一樣：「當時我不得不做出那樣的決定」。若是如此，就更應該找出「空氣」這東西的真面目。既然稱之為「空氣」，是因為有某種如氣壓般的壓力所帶來的力量。一定是人們感受到那股壓力，所以用看不見的「空氣」來形容。因此，如果在那樣的「空氣」消逝之後，再來閱讀對抗、爭辯該「空氣」的論述，反而無法明白為什麼那些人會如此專心一意地反駁當時的空氣。舉個最近的例子來說，《文藝春秋》（昭和四十九年六月號）裡有篇文章是「Group 一九八四年」[3]寫的〈民主聯合政府綱領批判〉。這篇批判寫於所謂「逆轉保守與改革」的空氣下，當那樣的空氣煙消雲散之後，從批判中反而奇妙地看到堅定的反駁論調。可以說大和艦的

3〔譯註〕グループ一九八四年（Group 一九八四年），日本保守派知識分子組成的匿名組織。

情況也是一樣，假如大和艦因「有勇無謀、無謂犧牲生命」的反對而停止出擊，那麼後世的人們大概就會覺得非常奇怪，「為什麼身為專業的海軍軍人會堅持對海軍軍人做出這種連一般人也懂的主張呢？」

二十年前左右，我曾幫千谷利三[4]教授論述「引進實驗用原子爐之必要」的論文進行校對。我在校對之前先收到了副本，大略讀過一遍後感到極為驚訝，千谷教授堅持「實驗用原子爐與原子彈爆炸無關」，以慘不忍睹之姿堅持己見，且極力強調這點。現在來看那樣的堅持確實是有點異常，然而那樣的堅決態度，反而突顯出當時社會強烈的「空氣」拒絕任何冠上「原子」的事物。然後，如果拿這份論文詢問當時反對者的意見，對方可能會回答：「從當時的空氣來說，也不得不提出那樣的主張。」若果如此，我認為就算排除「空氣決定」的因素，一位學者耗費的無謂力氣也太龐大了吧！

二

前面談論的「空氣」究竟是什麼呢？顯然所謂的「空氣」就是擁有極強大且幾乎是絕對控制力的「判斷標準」，也是擁有以「抗空氣罪」的名義，將人隔離於社會之外的超能力。以上的例子都呈現了人們服從「空氣」做出判斷、決策，而非基於綜合客觀情勢的邏輯討論所做的判斷與決策。通常這樣的標準是不容置喙的。這也難怪，因為無法透過種種的邏輯說明，所以才會以「空氣」來稱呼。我們經常是根據「邏輯判斷的標準」以及「空氣判斷的標準」等兩種標準在過日子。不過，雖然我們嘴上說著邏輯判斷標準，其實真正的判斷標準卻是「空氣不允許」的空氣判斷標準。如果說大和艦出擊只不過是其中的一個小小案例，那還算單純。但是，現實中這兩種標準其實難以清楚辨別，因為某種邏輯判斷的累積形成了空氣判斷的標準，兩者透過了這樣的形式合而為一。可以說，比起討論中討論者的邏輯內容，很多情況是討論中語言交換的本身醞釀出某種「空氣」，最後那樣的「空氣」就成為決斷的標準。

那麼，這樣的「空氣」究竟是如何醞釀而成？如何作用？當此作用結束，又是如何銷聲匿跡的呢？解答這些疑問的一個線索，就是有人基於某種意圖，有意識地創造出某種「空氣」。換言之，比起討論本身，很顯然是有人企圖透過討論醞釀出某種「空氣」。通常「空氣」並不是透過這樣的人為操作形成的，而是透過語言的交流，在無意

4〔譯註〕昭和時期的物理化學學者，也是大阪大學、東京都立大學的榮譽教授。獲得日本化學院獎、日本學士院獎表彰。

識且不作為當中形成，也就是自然形成的。然而，隱藏某種意圖的作為，也就是醞釀「人為空氣」也不是不可能。因此，如果調查「人為空氣醞釀法」，似乎就會對「自然發生的空氣」之形成過程稍微有些瞭解。

關於這點，《文藝春秋》昭和五十年八月號中，北条誠[5]所寫的論文〈汽車真的有罪嗎？比美國還嚴格的日版空汙法之真正意圖〉（自動車はたして有罪か・米国よりも厳しい日本版マスキー法の真意は）就非常有趣了。如果從「人為空氣醞釀法之解析」的觀點來閱讀這篇文章，其實是很有意思的。由於我對此問題毫無所悉，故隨著北条的文章脈絡往下閱讀。北条的文章認為汽車「審巫案」[6]之目的，是「由於散漫無計劃的政策，瀕臨破產的地方政府便著手找尋可填補財政缺口的財源（汽車）」，接著就如「露出狐狸尾巴的報告書」中所呈現的，「……只要國家不修改地方稅法，則至少大都市以及大都市所在地的府縣，就要連帶地課徵這兩稅（汽車相關稅率），總之估計要提高三倍或更多」，因此到了這個階段，就已經人為地醞釀出誰也無法反駁的「空氣」。可以說以無汙染汽車稅的形式，就算課徵目前三倍甚或四倍的稅金，「也是沒有辦法的啦，因為汙染持續擴散，那樣的稅金也無濟於事。即使如此，獲得龐大利益的汽車大廠還是怠惰不願製造低汙染汽車，才會造成這樣的結果。這些可惡的汽車大廠，害我們總是成為無辜的受害者」。走到這步，就成功創造了特定的「空氣」。

當然在日本以人工方式創造出來的這種「空氣」，似乎呈現出與歐洲或美國完全不同的狀態，最重要的是歐洲就沒有針對汽車祭出任何規則。此外，北条還提到下面的情況。

「美國方面，福特總統於今年（一九七五）一月十五日發表《國情咨文》，要求修正《新空汙法》，將一九七七年的規定再延長五年，並在此期間制定臨時標準。不過，對於現在的日本而言，那只是遙不可及的外國神話。」

有趣的是，日本在這個問題上並沒有學習西歐的做法（在日本國內，奇怪的是促使反美人士行動的源頭是美國，而非西歐國家），而是「向右學習」，投入美國標準的懷抱。《日版空汙法》的名稱就顯示了這點。因此，該法規約五年前的出發點與美國版法規極為類似（應該說幾乎完全相同），直接「複製貼上」，然後逐漸緩進地轉變成日式風格。最後，雖然福特總統「理所當然」地講述空汙法的相關事項，但是在日本

5〔譯註〕昭和時期的小說家、劇作家。

6〔譯註〕原指十七世紀美國獵女巫以及審判女巫的時代氛圍。

卻形成一個「絕對不能碰觸」的「空氣」——只是，這樣的情況是人為產生的，而且只花五年的時間就形成了。關於這點、關於這個問題，其實是非常有趣的資料。雖然出發點相同，但是美國沒有出現那樣的「空氣」，在日本卻醞釀出某種「空氣」，最後形成決定性的差異——說明這是研究空氣的最佳資料。

那麼，如果「空氣」就這樣變得越來越強烈且絕對、擁有一切的決定權，那該怎麼辦呢？恐怕會發展成在美國難以想像的狀態吧。如果北条的分析正確，就可能演變成「經濟大和艦」的出擊。他的文章是這麼寫的。

「汽車加上相關產業，（在日本）一億人中就有四百多萬的勞動人口，四百多萬的人口失業恐怕將會衝擊日本的經濟。汽車的貿易收入居全日本產業的第二位，一旦汽車產業瓦解，自由社會將受到波及而消滅……，日本的廠商真的能夠達成供應國內的低汙染汽車、歐洲等國的非汙染汽車，以及美國市場的中間汽車等三類產品的生產計劃嗎？生產線勢將瓦解。在交貨延遲的期間，能夠保證海外市占率不被其他外國車奪走嗎？」

就假設會有這樣的情況發生好了，再過幾年之後，發現NO_x[7]根本無害，歐洲等國打從一開始就沒有制定任何規範，美國也改變了政策方向，為什麼只有日本要緊抓著自取滅亡的策略呢？「沒有證據可證明NO_x對人體有害」，為什麼美國人可以坦然說出口的話，日本卻沒人能說出口？若被問到這個問題，回答一定是「以當時的空氣，怎麼樣也說不出口」、「以當時的空氣來說，就只有那個方法可行」、「我無法回應不瞭解當時空氣的技術史學家或評論家的責難」。當然，不是專家的我當然無法得知事實會如何演變，不過，我看了北川徹三（橫濱國立大學榮譽教授）在小眾雜誌《*Current*》發表的論文，有一段是這麼寫的，「包含我國的勞工，世界各國在勞動環境上的規定是工廠內的NO_2濃度需在五ppm以下，目前各國皆參考這個數值，也沒有任何不便之處，所以我不認為需要改變。」北川教授提的這個數值可是「日時量平均容許濃度〇・〇二ppm」的二百五十倍，我完全看不懂這樣的邏輯。此外，因為現實中的「空氣」無法針對這點質問，所以假如未來有什麼東西會破壞日本，那就跟三十年前的毀滅一樣，恐怕是「空氣」導致的。同時，假設這個「空氣」因某個理由而煙消雲散，然後三十年後閱讀北条誠論文的人可能會感到奇怪吧，不明白身為小說家的北条究竟

7〔譯註〕氮氧化物。

為何要如此拚命調查資料，以某種強烈的責難來論述專業以外的事。另外，北川徹三的論文跟我無意間讀到二十年前千谷利三教授的論文，兩者有異曲同工之妙。完全就是耗費大量的能量來抵抗「空氣」。那麼，這樣的「空氣」到底是怎麼形成的？

北条採取對汽車「審巫」的形式來討論這個議題，因此以〈汽車真的有罪嗎？〉為題，並把焦點放在柴田德衛（東京都汙染研究所長）擔任「異端審判官」的「七大都市汽車排氣規範問題調查團」這個「大司教團」，進行名為「審訊」實為「審巫」的審判案件。而且，在其背後有為了解決財政危機而針對「汙染罪」販賣「贖罪券」的美濃部主教[8]。因此，汽車就必須有罪。確實，這樣的模式非常有西歐的風格，令人直接聯想到典型「審巫」的模式。但是（我想讀者已經察覺到了），日本「審巫」的特色在於受審者並非人類，而是汽車這樣的物體。西歐也有對物體的審判，不過那是作為鬧劇的題材，或是對於某些議題的嘲笑素材，至於堂堂學者、學識淵博者一本正經地審判物體，而且該審判結果正式做出什麼結論的，我倒是沒聽過相關案例。這是傳統天主教意想不到的奇事。

審判日本汽車的過程中也確實有人類出現。有據稱是市民代表的檢方證人，也有名為日產、豐田的重要關係人，但是被告，也就是犯人「女巫」始終都是汽車，而非人類。必須先有這樣的背景認知，該審判才會成立，因此才會有針對「汽車真的有罪嗎？」的審判。就如北条所指出的，連排放廢氣問題、與廠商沒有直接關係的交通事故等問題，也都被拿來作為指控的證據。這顯示調查團在這個問題上認為審判對象是汽車，「汽車是主犯」，即使發生交通事故，「駕駛也頂多是從犯」，而廠商則是重要關係人。也就是說，被控告的罪人是「汽車」，既然是罪「人」，那麼汽車就不是物體，而是「物神」，若是女巫的層級，那就是「車巫」了。

評論「汽車有罪或無罪？」的這種想法到底是怎麼出現的？不用說，就是源於剛剛說的「物神論」（Hylotheism）。就如「只要相信，泥菩薩也變神」這句諺語，如果相信，那麼信仰對象就能擁有「神格或人格」；同樣地，如果「信仰汽車」，則車子也能夠擁有「車巫的巫格」或「人格」，這樣便可能成為宗教審判的對象了。這樣的論述一點也不奇怪。但是，從古早的蘇格拉底時代開始，西歐的審判都必須有被告的申辯才能成立，也就是說被告「車子」必須為自己辯護並反駁異端審判官，然後才能進行審判。然而，因為車子無法開口，所以就演變成一個比女巫審判還糟的情況，形成完全

8〔譯註〕指當時的東京都知事美濃部亮吉。

單方面的審判。若想要釐清真實狀況，只要假設車子能開口說話，並想像被告「車子」會如何反駁即可明白了。接下來我們繼續沿著北条的文章脈絡閱讀，茲摘錄其中的一段虛構問答如下。

審判官問：「製造光化學煙霧，你這個排放汽車廢氣的犯人。你太高傲了。你是『大氣汙染的元凶』、『製造光化學煙霧的犯人』、『破壞人類和平與健康的傢伙』、『悲慘交通事故的製造者』、『剝奪人類使用人行道權利的暴君』。若有想辯解的，請說。」

車子說：「政府不斷單方面改變光化學煙霧，也就是汽車排放氣體、氮氧化物等計算標準，您有什麼證據說我有罪呢？明明就沒有證據卻單方面斷定我有罪，這太奇怪了。如果您要如此審判，請拿出證明。我拒絕在毫無證據的情況下被判決有罪。」

審判官說：「一派胡言，你分明就是大氣汙染的元凶。」

汽車：「雖然您如此指控我，但是您也沒有證據證明 NO_x 有毒，不是嗎？目前在西歐，沒有人指控我是大氣汙染的元凶而舉發或判定我有罪，那麼是不是只有在日本有證據可證明我有罪？」

審判官：「你會這樣頂嘴，表示你沒有澈底反省。你這個車巫，你難道不是悲慘交通事故的罪魁禍首嗎？」

汽車：「我怎麼會是罪魁禍首？沒有任何交通事故是只因為我的存在，車禍就自己發生。最該為這個問題負責的是地方政府，是地方政府濫發『駕照』的緣故。我被各式各樣的人駕駛過，我經常思考如此這般的駕駛能夠拿到駕照，發照的地方政府真的是頭腦有問題。我認為沒有嚴格審查就濫發駕照的人，才應該對交通事故負起最大的責任。美濃部主教對這點的看法如何？如果一邊說車禍等問題都是我的責任，一邊卻毫不在意濫發駕照，那就是偽善。不過，現在討論的排廢問題與濫發駕照無關，為什麼要用不相干的證據把我冠上女巫的罪名呢？」

若摘錄「汽車」的所有反駁內容，那就沒完沒了，故在此省略不提。當然，真實世界裡的汽車無法如此反駁，同時被傳喚而來的重要關係人雖說與汽車有罪或無罪有著極大的利害關係，但始終也只是關係人而已，遭檢舉的被告是「汽車」，所以關係人無法站在汽車的立場反駁，也可以說關係人並沒有發言權。因此，這樣的審判沒有被告的反駁與解釋，光靠審判異端的審判官單方面的斷定進行。當你以為「現人神」已經不在了，結果就出現「現機械神」以參與這場戰犯審判的形式出現。而且，這也是「人造空氣醞釀法」的基本因素之一，在其背後是「以臨在感理解」對象來作為判斷標準。

就算指控「是汽車的錯」、「車子是元凶」，汽車本身也不過只是個「物體」而已。物體既沒有人格，也不是倫理判斷的對象，既不可能善也不可能惡，當然也不會成為審判對象，更不可能有「車子善」或「車子惡」的判決結果。此外，能夠成為審判對象的，僅限於把「物神」人格化的情況而已。就跟「只要相信，泥菩薩也變神」的諺語一樣，「汽車人格化也從信心開始」，有這樣的信仰，審判才能成立，所以這個審判本身就帶有某種宗教色彩。

柴田汙染研究所長帶領的「調查團」，雖然職銜都是所謂的科學家，但是科學家應該不會對物體進行倫理上的審判，所以他們實際上應該是物神論的宗教家才對。因此，北条從「……專家等學者們當然不可能不知道這些事（指光化學煙霧的產生尚無定論）……」這點，產生的疑問是「調查團」等異端審判官的職銜是「科學家」，不過如果考量到他們是「物神論的虔誠宗教信徒」，基於該宗教規範而對汽車做出裁決就一點都不奇怪了。或許這也能稱為大和艦出擊事件吧。如同從擁有海空實戰經驗的資深長官判斷來看，簡直是不可置信的決定，但若把大和艦視為一個自然人的人格，基於物神論觀念而做出宗教性判斷，也就不足為奇了。

如此形成的「空氣」擁有某種宗教的絕對性，並成為人們無法與之對抗的「某種東西」。當然，宗教的絕對性既能夠充分運用在好的地方，也可以被濫用在不好的地方。更能夠利用這樣的氛圍，強迫推銷「贖罪券」以拯救財政破口，汽車審巫即為一例。只是像這種情況，也就是基於一個意圖，有意且人為塑造宗教上的情感時，可以說因為「容易產生破綻」，反而不容易產生實際的損害。另外，透過物神化以及缺乏該物神的反駁之單方面譴責，這個創造空氣的過程是非常清楚的，因而問題反而不多，而且發售贖罪券的行為也激起抗議者的抗議行動，所以實質執行這種審判的主教將失去威權，其宗教性也隨之消失，最後那樣的「空氣」也一下子就煙消雲散。不過，如果那樣的「空氣」真的是自然產生的，應該不會那麼輕易就消散吧！我想深入探討那樣的「空氣」是憑藉什麼？如何出現？如何成為絕對性的規範？最基本的，可能就是前面提到的「以臨在感理解」的概念。

三

「空氣」到底是什麼？想要調查這點的最佳方法，就是調查單純的「空氣產生的狀態」，我先試著描繪其基本的模型，以下舉的是個非常有趣的例子，筆者在《淺談比較文化論》（比較文化論の試み）中舉過此例，在此也沿用之。

東京大學榮譽教授大畠清在某宗教專業雜誌發表有趣的散文，文章提到他在以色列考古時挖到了古代墳墓，並陸續挖出許許多多的人骨、骷髏。遇到這種情況，除了考古所需的樣本，其餘的人骨都要暫時先移到遠一點的地方，以繼續進行墳墓型態調查等其他工作。由於量相當大，日本人與猶太人的共同作業中，幾乎天天都要運送人骨。這樣的作業持續約一個星期後，猶太人毫無異狀，但是參與的兩名日本人開始覺得身體怪怪的，好像真的生病了。等到人骨運送完畢，兩人便立即恢復健康。這兩人所需要的，看來是「驅邪」，但其實這兩位都是基督徒——而猶太人同事卻始終都沒有受到任何影響。

骨頭本來就是某種物質，若是這樣的物質會以輻射的形式對人體造成某些影響，不太可能只影響日本人，所以應該說這樣的影響是精神上的，人骨、骷髏這類的物質對日本人會造成某種心理上的影響，而這樣的影響強烈到使身體以某種症狀呈現；另一方面，猶太人的心理則未受到任何影響。我想，這大概就是「空氣的基本型態」。

這樣說或許有人覺得奇怪，不過就如我後面會提到的，我們平常所謂的「空氣」

與「空氣的基本型態」之差距，只不過是醞釀過程的單純與複雜程度不同而已。因此，如果把這樣的狀態視為普通型態，也難怪會出現「兩人無法忍受挖掘墓地的『現場空氣』，最後身體感覺不適而不得不休息」的狀態了。

透過物質，受到某種心理、宗教的影響，換言之就是感受到物質背後有某種東西臨在，並在不知不覺中受其影響的狀態。《福澤諭吉自傳》（福翁自伝）中也指出這樣的狀態以及與之對抗的內容。不過，他，不，不只是他，明治時代的啟蒙家們雖然認為「石頭不過是種物質。崇拜這樣的物質既是迷信，也是野蠻人的行為。文明開化的科學態度就是否定、摒棄這樣的行為，所以應該施以啟蒙的科學教育。而且這麼做即已足夠」，卻沒考慮到「為什麼日本人會認為物質背後有某物臨在？另外，應該先說明人們為何會覺得有什麼東西臨在，並強烈受其影響以致使身體產生變化」。更不用說從他們的角度來看，既不開化也不科學的「野蠻」民族（如閃族〔Semitic People〕[9]）完全拒絕臨在感並視其有罪的民族，為什麼會存在這個世界上？關於這點，他們一開始就忽略不提。這也是合理的啦，對於福澤諭吉而言，西歐啟蒙即為一切，不只是他，

9〔譯註〕起源於阿拉伯半島的遊牧民族，包括希伯來人、阿拉伯人、亞述人、腓尼基人和巴比倫人等，現則特指猶太人。

整個明治時代雖然都向先進國家學習，卻沒有多餘的心力「深入探索」。因此，他們這樣的態度雖然可說是啟蒙，卻難以說是科學，也就演變成後來的人們即使感覺某種臨在，如果說自己感覺到了，便會被貼上「頭腦老舊」的標籤，所以就算感覺到了，也告訴自己沒感覺到，假裝沒感覺到，還認為這是科學的態度。這種情況在超能力學說流行時，就以極為有趣的形態出現。

我在某雜誌提到「所謂的超能力不存在」，就有讀者投書指出「沒想到你是盲目崇拜科學的人」。這位讀者把「就算感受到超能力，也裝作沒感受到」，也就是把「福澤式的啟蒙主義」視為科學，並認為對那種啟蒙主義盲從就是對科學盲從，繼而產生抗拒之心。因此，多數人所謂的科學，其實是明治風格的啟蒙主義。不過，所謂啟蒙主義是將「人民文化」提高到一定水準的考試速成教育主義，是強迫「應該如此思考」，而非透過探討、說明來理解事情，也因此遭否定的想法反而頑強地隱藏起來，現在更演變成我們最終的決定權，被隱藏且沉默的臨在感奪走，而我們無計可施。

在此我舉一個完全現代的臨在感控制實例來證明前面的說法。仔細想想，那是三年前的事了，當時透過層層的介紹，我與某位人士約了見面，雖然不清楚對方為了什麼事找我，不過好像是對方認為在這廣大的日本國土，除了我以外，沒有其他可對話之人了。找我見面談話也不可能解決什麼事，不過我也完全沒有拒絕的理由，於是就答應見一面。對方遞給了我一本相當厚的書並解釋道：

「在現在這個時間點，我清楚知道發生什麼事，請保留這本書作為日後證明我已經明白的證據。」

我翻開一看，原來是一本詳細證明水俁病[10]與鎘無關的書。然而，我不是這方面的專家，別說是評論了，連其內容我也無法充分理解。連理解都談不上的內容，我自然無法做出任何評論，就算把書交給我也沒有任何意義。最主要的是我很訝異對方不出版，而是把書交給我，所以我如此回應。

「你可以出版這本書啊！」

對方回答：「無論如何，無論如何在現在的社會空氣之下，出版也只是引來媒體的攻擊，因為結果已經被厚生大臣認證，官司也輸了，如果在這個時間點出版，會被說是想要『翻盤』，這樣只會對公司更不利。因此，雖然這些內容是好不容易研究出來的心血結晶，但是公司高層決定全部銷毀，這樣做實在太令人遺憾了。現在，我

10〔譯註〕Minamata Disease，因汞中毒引發中樞神經系統受損的疾病。

個人只是想把這已然明顯事實的一部分交給某人，作為未來證明之用……，我拜讀了您在《週刊文春》發表的文章，覺得除了山本先生之外，已經找不到任何人可以拜託了……」

「唔，可是呀，我很多話，所以可能會毫不在意地寫出幫陌生人保管的東西或內容喲。」

「可以可以，這完全不影響……」

「如果是這樣，你出版這本書就好了吧？」

「不，不，再怎麼說，再怎麼說現在公司內部的空氣以及社會上的空氣，完全，完全……。最主要的是公司高層說『以現在的空氣，只能放棄了』，然後打算全面回收鎘金屬……（如果把「放棄」改成「出擊」，就跟大和艦出擊時的空氣一樣）。這也難怪，因為有許多媒體記者前來，我說『鎘是什麼東西呢？』然後手拿金屬棒出來，『就是這個』，結果記者們哇一聲全部逃開。不管是手拿金屬棒或用舌頭舔鎘金屬棒，當然都不會發生任何事。我也舔給他們看了喔。要說他們無知嗎？該怎麼說呢……」

「哈哈哈……真是有趣。不過那樣的狀況不是無知，而是典型的臨在感理解，也就是所謂的空氣吧。」

「請問，臨在感指的是……」

「這個我現在也還在研究中吶。」

這是當時的一段奇怪問答。就算記者無知，這位人士如果看到人骨不斷被挖出，也是會發燒吧。由於他對於鎘金屬棒沒有任何移情作用，所以完全感受不出鎘金屬棒背後所臨在的東西。然而曾經採訪過水俁病、親眼目睹悲慘發病狀況的記者，只是因為對那樣的金屬棒產生了某種移情作用，才會感覺到某種東西的臨在。這位先生與所有日本人一樣，接受了福澤諭吉式的傳統教育，所以也像福澤諭吉踩踏神社的神符一樣，為了教育「無知」的新聞記者、啟發他們的無知，而親自舔了鎘金屬棒給他們看。舔給對方看的行為確實是啟蒙式的做法，為了不要仰天大笑導致「落枕」，或許這算是溫和的處理方式，但是這種態度很難說是科學態度。因為這麼做之後，未來還是會陸陸續續出現某種「金屬棒」，也就是對於物質的相同態度永遠不會消失。

到底為什麼我們對於人骨、汽車、金屬棒等，以及不同形式的大和艦這類的物質、物體，會感覺到某種臨在感並且遭其控制呢？倒不如說深究這點並且阻絕「空氣的控制」，這才是科學態度吧！

講個題外話，前面提到的那本奇妙之書還在我的收藏之列。以追查日本前首相田中角榮金流問題而知名的已故記者兒玉隆，針對水俁病寫了洋洋灑灑的深入報導之時，我覺得不該再把這本書納為個人收藏，打算把書交給他。當時預定某次聚會再拿給他就好，沒想到在那之前就先收到兒玉的訃聞。我認為如果是兒玉，一定會好好運用這本書，把這本書當成關鍵內容，甚至能夠更進一步接近真實的面目。另外，如果詳細參考那本書就可明顯看出臨在感理解的各種型態，以及看出臨在感是如何醞釀出空氣的種種過程，還有最後是如何走向終點等，越想就越覺得遺憾。

人類的言論、行動，因臨在感的控制而受到規範的第一步，就是以臨在感去理解對象，而前提則是要對對象產生移情作用。所有民族都有移情作用，不過若想讓這樣的理解成立，就必須把移情作用絕對化，並將其推升到至高的地位，你必須處於不認為那是移情作用的狀態。因此，前提就是將移情作用日常化、無意識化或者生活化。簡單說，如果不這麼做，那就一定會是缺乏「活著」感覺的世界，亦即日本的世界。

《聖經》研究學者塚本虎二老師對於「日本人的善意」寫了篇非常有趣的散文。塚本老師年輕時租屋的房東阿伯是非常熱心的人，在隆冬季節，阿伯覺得天氣實在太冷了，便餵了小雞喝熱水，結果小雞全部死掉了。塚本老師在文中寫道「你不能嘲笑這點，日本人的善意就是這麼一回事」。我看到這樣的內容，想起很久以前的一篇新聞報導，報導指出一位年輕母親覺得自己在保溫箱裡的幼兒可能會冷，就把懷爐放進保溫箱中，結果害自己的小孩喪命，最後被控過失致死。這樣的行為跟餵小雞喝熱水完全一樣，兩者都是基於全然善意所表現出來的親切行為。

投稿報紙的文章中，經常出現「缺乏善意」、「缺乏善意的社會不是好的社會」的發言。然而，假如這樣的善意能夠當真，再多的生命都不夠用。因此，如果說「沒有那樣的善意比較好」，那麼反駁的論調可能就會是「錯的是這個社會，沒有製作出放入懷爐也不會搞死小孩的保溫箱」。然而，像這種情況其實跟善意、惡意等完全無關，即使是惡意，同樣的關係也會成立。另外，有人主張讓小雞喝熱水或是把懷爐放進保溫箱等行為是「科學啟蒙」不夠，這種說法也是謬論，問題的焦點在於為什麼要把移情作用絕對化。也就是說，餵小雞喝熱水、把懷爐放入保溫箱，是全然的移情作用，因為對方與自己以及與第三者處於完全無區別的狀態。還有，一定要把這種狀態絕對化，把阻止自己做出這些行為的阻礙，以及正在阻止自己的虛擬對象視為惡意，並試圖排除，這樣的心理狀態就是把移情作用絕對化，而這種以臨在感去理解對象也可以說是「物神化與其控制」的基礎概念。

簡單說，這就是「附體」或是「使附體」現象，把自己附體在小雞身上，或是使第三者附體在小雞身上。也就是說，由於「自己是親切的人，自己不想在寒冬喝冷水，也絕對不會冷酷對待他人，在寒冬中給別人喝冰水」，所以把自己或第三者附體在小雞身上，並讓已附體的自己或第三者喝熱水。還有，這樣的現象在社會上隨處可見，信奉教育至上的教育媽媽把「因為沒有學歷，所以……」的先生附體在小孩身上，把「配方飼料」硬塞入小孩這隻小雞嘴裡，再把懷爐放入學校這個保溫箱內。假如因此發生什麼意外，當事人就會說「我是基於善意才把懷爐放進去的，有問題的是引發事故的這個缺乏善意的『保溫箱＝社會或學校制度』」，相信聽到這話的人都會啞口無言吧！

到底是什麼導致人們以臨在感去理解事物呢？簡而言之，臨在感是自然的歷史產物，它的存在有其存在的意義，然而，如果沒有經常透過歷史觀的掌握以重新理解的話，臨在感就會被絕對化；一旦被絕對化，自己反而會成為被控制的對象，可以說「空氣」的控制就由此產生。我認為這是明治時代以來，啟蒙主義無視這種「以臨在感理解的錯誤傳統」造成的結果，不過，以上的說法太過於抽象，難以充分表達，我向來不喜歡這樣的說法，雖然前面已經提過，我還是繼續以例子來說明。

當對象是物質的情況下，上述的關係最能夠明顯呈現（可以說透過移情作用所產生臨在感理解的絕對化不會互相影響，亦即彼此不會互相產生移情作用），所以我就以前述的人骨與鎘金屬棒為例說明。日本人感覺人骨上有什麼東西臨在，這樣的感知在不知不覺中被絕對化，結果在心理上反而被人骨所控制，進而呈現罹病狀態。其原因大概就如評論家村松剛教授在《死的日本文學史》（死の日本文学史）中指出的，是基於傳統的歷史產物吧，也就是基於記紀[11]、萬葉[12]以來的傳統世界觀，認為人的靈魂會停留在其遺體、遺骨附近，也能與陽世的人交流。

西歐沒有這樣的傳統觀念。希臘人把肉體視為牢籠，認為「靈」（pneuma）被困在肉體裡，死亡之後，靈就從肉體這個牢籠解脫，自由的靈將會升上天界中的靈界（Ether）。而被遺留下來的肉體「牢籠」，只不過是物質，解脫後的靈不會在牢籠四周徘徊。希伯來人的看法又不一樣了，他們對於希臘人那樣的觀念抱持極度懷疑的態度，從《舊約聖經》〈傳道書〉中，「誰知道人的靈是往上升呢？」這段話即可看出。雖說如

11〔譯註〕日本歷史書籍《古事記》與《日本書紀》的總稱。取《古事記》的「記」與《日本書紀》的「紀」合稱。

12〔譯註〕指現存最早的日語詩歌總集《萬葉集》。

此，猶太歷史學家弗拉維奧・約瑟夫斯（Flavius Josephus）的《猶太戰記》（*The Jewish War*）也記錄了最傳統的苦行猶太教派，即艾色尼派（Essenes）的觀念與希臘人極為相似。雖然兩者的觀念差異是另一個研究課題，不過至少兩者在傳統上都沒有人骨上有什麼東西臨在的觀念。只是，就算這些傳統在日本或西歐都像地下水般源源不絕且執拗地流傳著，也是需要透過如村松剛的龐大著作文獻來證明其存在。

在這方面，由於鎘金屬棒是人們以臨在感去理解並將其絕對化，也因絕對化而受到金屬棒控制，這整段歷史過程很明顯是在短時間之內完成的，所以比起基於長遠歷史且難以顯現在表面上的人骨，鎘金屬棒的影響更容易讓人明白。本來容易明白的是因為其醞釀的歷史過程可以很快地看懂，不過由於醞釀而成的「空氣」也很容易消散，所以從另一個角度來看，也有無法馬上看懂的缺陷。無論如何，在水俣病流行以前，絕對不可能發生記者看到鎘金屬棒就彈開或逃走的情況，遑論做出舔金屬棒給記者看的行為。因此，與人骨相比，這段歷史是極新也極短的一段時間，也是文明開化的明治時代以來所發生的事件。世界上的鎘礦很多，但是據說水俣病只發生在富山縣神通川流域（我沒有親自調查相關事件，所以無法確認）。當然，鎘金屬棒是一般的金屬棒，不會從中散發什麼物質出來，跟考古現場裡的人骨這類的物質一樣，這是連小學生也懂的科學常識吧。假設現在有完全不知水俁病，僅擁有「科學常識」的外國人，與前述的日本記者參加「擁有某本書的人士」所開的記者會。記者會中鎘金屬棒被拿出來展示，對於任何人而言，這只不過是某種物質，亦即只不過是「金屬棒」而已。這個概念就跟人骨一樣，對於任何人而言都只不過是「物質」而已。然而，日本記者團就會瞬間逃開，而某位人士邊說這根本沒什麼，然後舔一舔金屬棒，對於現場的外國記者團而言，這才是他們完全無法理解的狀態。假如這金屬棒跟考古場裡的人骨一樣，每天都要搬運出去，日本記者團大概就會出現發燒現象，而外國人則是絲毫不受影響。

不用說，這種狀態的差異就是從以前到那個時間點為止，「水俁病史」這個「以相片與言語記錄所累積的歷史」產物。當然，這個產物與其歷史內容的價值沒有關係。記者以臨在感去感受水俁病的悲慘狀態，也因為這樣的感受，把悲慘「轉移」(即移情作用)到鎘金屬棒上，並且透過轉移，使悲慘臨在於金屬棒這樣的物質上，並把該臨在感的理解絕對化，最後反而被金屬棒控制了。由於將金屬棒絕對化了，所以此時被臨在感控制的人，忘記了跟自己一樣的其他人類可以若無其事地握住金屬棒。這樣的情況跟處理人骨的情況完全相同，因此如果要濫用這種模式，也能夠藉由手握鎘金屬棒的戲法來控制一群人了。不用說，這就是物神化，也是利用這樣的戲法來達到偶像控制。然而，明治時代以來被啟蒙、被「科學化」的現代人們所表現出來的，卻是被「揮舞鎘金屬棒」、「現場空氣」所控制，瞬間就往後彈跳、逃走。當然，金屬棒只不過是其中一例，以臨在感去理解的對象可能是前面提過的汽車，也可能是其他任何物質，借用古人「泥菩薩」的說法即已足夠。

「神」這樣的概念原本是人們「畏懼」的對象。為了不讓經歷過苦難的對象把那樣的苦難散布到人世間，多數的神社把象徵性的物質當成御神體來祭拜以撫慰世人。因此，與其說把鎘金屬棒當成御神體的「鎘神社」有可能成立，倒不如說其實早已存在某「地方」，而昭和時代的福澤諭吉為了證明御神體存在的荒謬，才會做出舔金屬棒給世人看的行為。這個物神化與水俣病的科學研究以及「研究史」等完全無關，所謂「無關」是指就算兩者在醫學上有關連，實際上空氣的形成也是「無關」的。

為了斷定兩者無關，擺脫偶像控制，人類經歷過非常久遠的奮戰歷史並犧牲了許多生命。其做法就是宣告透過臨在感理解的絕對化而把對象物神化，繼之被對象控制的人，也就是「被鎘金屬棒散發出來的空氣所控制的人」為異端，不過這要先排除空氣的形成與「鎘汙染研究史」及其成果無關之後，才能夠成立。

對我們而言，第一代基督教徒的正統／異端爭論背後的問題其實是很難理解的。

可以說由於最積極去瞭解鎘汙染，也最明白其悲慘情況（或者自認為最明白），所以該金屬棒就成為「自我調查史」的歷史產物。因此只能以悲慘的臨在感去理解對象的人，就只能把那樣的理解絕對化，可以說那樣的人是「最認真、最積極、最投入的人」。以當時的狀態來形容，就是信仰該物神最虔誠的人，即使把該物神稱為基督，也反而會被視為異端而定罪、驅逐。然而，若不這麼做，沒那麼做的人就永遠無法擺脫物神，也就是空氣的控制。不過，這個問題放到後面再討論，我先來說明上述的空氣控制是以什麼樣的方式形成的。

四

簡單說，前面舉的例子都是「空氣單方面的控制」，換言之，以臨在感理解且絕對化的對象假設只有一個，而且不會發生因相互的移情作用而產生相互的臨在感理解情況，意即最單純的情況。然而，我們所處的現實世界並沒有那麼單純，人骨、鎘金屬棒、小雞、保溫箱內部、汽車等等，任何方面都有以臨在感理解且絕對化的對象，因此可以說每個人都會因為這些物神的關係，反而在各方面遭到控制，被困在控制的密網中無法動彈。最後，雖然稱之為「空氣」控制，不過我們也不可能全部解開這複雜糾纏的密網，所以，我們就先將兩方向、兩極點的臨在感理解絕對化，但也因為這樣的絕對化，反而被這兩個極點控制，光是這樣，人就完完全「被空氣控制」而動彈不得。以下我舉個例子來說明，這樣的案例是日本政府要做出重大決定時，例如正式爆發日中戰爭、太平洋戰爭的起始、日中建交等，一定會出現的公式。

在此就以明治時代的西南戰爭[13]為例，這是目前最先想到明顯勝負未定的最佳案例。舉這個例子的話，因為既是歷史事件，對戰的雙方也都是日本人，所以沒有必要因外交的顧慮而把謠傳硬說成「事實」，而且就算不當成事實，大概也不會被說不知反省。另外，無論哪方被神格化為充滿仁德精神，或是哪方被設定為其對立面的殘酷團體，由於雙方同為日本人，大概也不會有人出面指責。歷史事件如果是國內的，就會被「無害化」，非常容易處理。還有，其實這樣的基本公式與現代事件完全相同，從這點來看，西南戰爭就是非常適當的樣品。

無需多加說明，西南戰爭是日本第一次的現代戰爭，同時也是現實中首次出現政府軍／反政府軍這種明確概念的戰爭。日本戰國時代的歷史並沒有出現這樣的概念，同時對日本國民而言，大西鄉[14]也是具有威信的人物。因此，假如西鄉隆盛有難，可能會引起全國騷動，不，至少是明治政府當局「可能會擔心」的戰爭。也就是說，這是「輿論」動向成為最重要關鍵的第一場戰爭，也是大眾傳播媒體趁勢正式活動、政府開始利用媒體的一場戰爭。日本農民原本的心態認為戰爭是武士的工作，與自己無關（連日中戰爭也是此般心態），但是徵召農民入伍的政府軍必須讓這些漠不關心的人在「心理上加入」戰爭。於是，鬥志高昂的戰情報導就成為必須，為此便得要套用「政府軍＝正義／仁愛軍」、「賊軍＝不義／殘暴集團」的公式。再加上後面開始出現「皇軍大奮鬥」的報導，以及博愛社[15]也啟動宣傳，報導政府軍是不問敵我救治傷患的正義之軍。可以說，一直到日中建交為止的戰爭報導原型，亦即「空氣醞釀法」的基礎在此時皆已齊備。

首先出現了西鄉軍是「殘暴團體」的報導。以下列出的僅為其中一例。

〈捕捉政府軍並處以火刑，場面慘不忍睹〉

13（譯註）明治維新期間，西鄉隆盛因日本改革方向的主張與政府主流派不同，最終帶領鹿兒島士族反抗政府所興起的戰役。鹿兒島地處日本西南，故稱為「西南戰爭」。

14（譯註）西鄉隆盛的暱稱。

15（譯註）日本紅十字社的前身，一八七七年由大給恒、佐野常民等人創立。

〔九．二五　郵便報知新聞〕賊黨如此殘酷無情的行徑令人不可思議。這是最近從戰場回來的人看到殘酷凌虐的情況所說出來的。據聞某次戰鬥中，七、八名政府官兵遭賊軍擄獲，幾人被綁成一串帶到某神社境內，綑在大樹下。賊軍眾人靠近討論，說著就算砍頭、剖腹、取出內臟也太無趣了，竊竊私語討論如何處置更有趣。接著把立於神社前的鳥居自中間砍半，在其中燃燒成堆的木炭，待木炭燒到火紅，一一抓住哭天搶地的俘虜，分別從左右兩側連拖帶拉將俘虜貼住火柱燒死。如此行徑，有如遙遠漢土的古傳說裡殷紂夏桀執行所謂炮烙之酷刑，已有陸軍下級官兵在此刑場被燒死。

如果從頭到尾讀完上述報導，那麼日中邦交正常化之前，與「日本人殘暴民族理論」類似的「鹿兒島縣民殘暴民族理論」似乎也可成立。不過若稍微用心思考，相信任何人都能夠立即看出這根本是一則創作出來的報導。首先「慘不忍睹」的標題給人宛如是親眼目擊，或是直接採訪目擊者的印象，但是真正的事實是目擊「證人」是誰並不清楚，其中埋了伏筆「看到、說出，又或者據聞」。就算西鄉的人馬或是支持者要求「我會調查是否屬實，請讓我跟目擊者見面」（基本上這樣的情況也不可能發生），他們也會堅持不清楚證人是誰而閃躲問題。第二點，「某次戰鬥」中的「時間」不清楚，「某神社境內」的場所也不清楚，即使如此，對於賊軍的描述卻是那麼確實而具體，好像是自己親眼看見。甚至，為了增加報導的真實性，強調不是只有這次的事件，還加碼爆料「已有陸軍下級官兵在此刑場被燒死」，但是人名、階級、日期時間等資訊完全不明。還有一點很奇怪，如果是「已有……」的同一種用刑，就表示「把鳥居從中間砍成兩半」的行動是上次進行的，這次應該直接運用才對，甚至如果這次不是第一次行刑，描述者卻說得宛如親眼所見，顯然與「賊軍」談過話，這樣就很奇怪了。描寫賊軍的談話內容，應該是賊軍打算嘗試不曾做過的行刑方式，否則就不可能討論「如何做更有趣……」之後，才把鳥居砍成兩半。因此，這篇報導可說是我於《在我之內的日本軍》（私の中の日本軍）中，分析「百人斬競賽」或「殺人遊戲」之開端。非常遺憾，這一世紀以來日本新聞報導中這種創作記事的傳統依舊存在。這篇報導是一八七七年出現的，當然殘酷的報導除了前述之文，甚至還創作出各種五花八門的內容，如「切下戰死官兵的陰莖，再塞入其口中」、「強姦輪姦等言語之外的殘暴行為」，看了真是叫人倒胃口。

不用說，如果媒體以這樣的方式形塑西鄉軍的臨在感，並將這種臨在感理解絕對化，那麼西鄉軍就成為「鎢金屬棒」，也就是立即變身而成為被神格化的「惡」，或說成為「邪惡的化身」。因此，最早同情西鄉軍的人，或是在政府與西鄉之間調停，主張即刻停戰、避免增加無謂死傷的人，還有主張把西鄉與大久保利通[16]叫上法庭，弄清楚是非曲直的人等，態度都轉為保守，因為「現在已經不是可以說那些事的空氣」。更確切地說，這恐怕是政府為了醞釀出那樣的空氣，唆使人使出的計畫性謀略。

另一方面，另一個極端不用說就是被神格化的「善」、「仁愛」的極致，也就是天皇與政府軍。為了把那種臨在感的控制推升至絕對的地位，博愛社經常以大版面宣揚報導。以下我引用其中一部分，請讀者閱讀並與前述「賊軍虐殺戰俘報導」對比看看。

〈暫時受挫的博愛社愈發成長——佐野常民與大給恒的主張〉

〔六．二七　郵便報知新聞〕……為聖上至仁帶來極大煩惱，屢屢傳來慰問之信件及皇后宮亦予以厚賜之故，臣子感激涕零，關於我們在此面對的……臣不顧能力不足成立一社團，命名為博愛……派遣社員前往戰地……申請前去救治受傷官兵，又暴徒之死傷不僅為政府官兵的二倍之多，遑論救護方法亦不完備。賊軍往往將傷者丟棄山野，暴露於雨露之下無法救治，如此乃不符大義之舉。雖與王師為敵，但亦為皇國之人民，皇家之赤子，棄負傷、瀕死者於不顧，此非人情之所能忍，故每每予以收留救治……此乃朝廷寬仁之舉，內外……。

報導內容透過這樣的形式，以臨在感看待政府軍，並將這樣的臨在感絕對化。如此一來，人們反而被這個已神格化的對象所控制。在這裡就達成了從兩個極端所形成的反方向的「空氣」控制，繼而人們就變得動彈不得了。然後，日中邦交正常化之際，完全相同的公式再度被套用。

從現在起大約經過三十年之後，關於日中邦交正常化的手段，可能會出現各種批判的聲音吧。當然，任何事都避免不了遭到後人評論，所以被批判也沒有關係，只是屆時田中前首相的回應，可能也跟「針對大和艦出擊是否合理一事，相關人士的答辯」一樣，「根據那時候興起的空氣，再也沒有比那麼做更好的方法了」、「回想起那時的

16〔譯註〕與西鄉隆盛同為出身薩摩（今鹿兒島縣）的武士，後來成為明治維新時期的政治家。因改革手段激烈造成武士失業，形成社會問題，後來引發由西鄉隆盛帶領起義的西南戰爭。大久保利通最後被刺殺身亡。

空氣，無論是當時或現在，我都認為當時的舉措是對的」、「我拒絕回應不瞭解當時空氣的史學家與外交評論家的意見」。

在此就清楚看出空氣控制的另一個原則了，那就是排除「利用對立概念理解對象」。如果以對立概念去看待對象，就算該對象被賦予臨在感，這樣的臨在感也無法絕對化，這樣就不可能被對象控制。假如不先排除這樣的情況，就不可能利用空氣來控制人們。這樣的說法也很抽象，我舉個具體的例子來說明。

例如，以「善惡的對立概念」來看待每個個人；或者把人類區分為好人／壞人，將「自己內在的善」的概念套用在某些人身上並視其為善，另外將「自己內在的惡」的概念套用在某些人身上並視其為惡。上述兩種概念乍看類似，其實完全不同。就算兩者都是以臨在感去理解，一種是政府軍／賊軍同時都以善惡的對立概念去看待，另一種是視政府軍為善、賊軍為惡的區別概念，這樣當然就可看出兩者完全是不同的理解概念。因此，就不會出現「因為有善惡的概念，所以全世界每個民族都會同時以善惡來看待對象，只是善惡的標準不同而已」。在這裡也看出明治時代的誤解至今依舊存在。前者，也就是以「善惡的對立概念」來看待對象，因為不可能把自己的理解絕對化，所以就不會被對方控制，也就是不會被空氣控制。後者因為隨著相對兩端中的一端被視為善，另一端被視為惡而同時都被絕對化，所以人們因為對兩端的理解都推升至絕對化的地位，反而使自己被兩種方向規範，進而完全被控制，以致變得動彈不得。換言之，如果無法以「善惡的對立概念」來看待雙方，而是規範一邊是善、另一邊是惡，人們就會因為這樣的規範使自己受控而動彈不得。甚至如果透過大眾傳播媒體等工具散播這樣的規範，約束所有人，那這樣的情況就跟控制的結果一樣，也就是澈底被空氣控制。更甚，假如這樣的情況往三、四種方向發展（日中邦交正常化時，我認為大致上是基於四個方向的對象臨在感及絕對化，而達到四個方向的控制），便完全無人能抵擋那樣的「空氣控制」了。

那麼，克服此問題的重點，我認為可以歸納為兩點。首先是從歷史觀的角度重新去理解臨在感，其次就是透過對立概念去理解對象。下一節我將針對這兩點詳細論述。

五

讓我再提一下「汙染問題」的話題。目前為止，關於研究「空氣」的素材，主要都是舉日本海軍與汙染的例子來討論，之所以這麼做，並非這兩個例子是空氣控制的典型案例，只不過是因為這兩個例子的「科學數據」與「被塑造的空氣」間的差異，非常簡單易懂。畢竟如果專家只是以科學根據來做決定，這些部門應該就會做出一個「沒有大錯」的決定，即使如此，這些部門最後還是做出一個極為奇妙的「空氣」決定。在這種情況下，一旦「資料」與「空氣」的誤差比前述案例又更難理解，那麼就算實情是「看起來是基於某種資料所做的決定」，但是「所有的意志決定都交由空氣處理」也就不覺得奇怪了。只是，這樣的情況應該更不容易釐清。海軍是國際性的，科學上的數據也一樣是「國際性」的，如果根據此國際標準重新檢討日本的決定，就可以明確看出「空氣決定」的真實樣貌。不過，表面上的說法是日本的標準制定都是基於「科學依據」而非「空氣」，所以一旦被外國詢問其科學根據，就完全無人能夠回應了。

關於這點，清浦東工大學榮譽教授的論文〈國際間對於錯誤的 NO_2 標準不信任持續擴大——請回答科學上的疑惑〉（誤った NO_2 基準に国際不信広がる——科学的疑惑に回答せよ；《正論》[17] 昭和五十年十月號）就非常有趣。該教授提出的問題點背後，正是「空氣的決定」。以下引用部分內容（……為中略）。

……在環境科學領域方面，筆者從今年春天以來，已經遍訪歐美各國兩次，得知歐美各國對於日本科學界的強烈不信任愈發嚴重，實感遺憾。而且，當我知道歐美明明已經主動尋求與日本交流資訊，我國環境廳與部分相關科學人士還予以拒絕，真是令人無限遺憾……。我國制定NO_2標準的謬誤已遭各界指控，……美國國家環境保護局的夏伊博士在美國參議院證實「日本制定NO_2標準所採用的科學根據，亦即專門委員會報告書中記載的醫學論文，犯了許多科學上的謬誤，這在醫學上完全無法認可。」……（大氣保護局局長春日迴避問題，只表示「夏伊博士的意見有幾個誤解」）……然而，指出日本NO_2標準有誤的不只夏伊博士……美國國家科學院的報告《大氣汙染對於健康的影響》，用了長達三頁的數據資料指出日本制定NO_2標準的基礎，也就是流行病學研究，犯了邏輯上的錯誤……更驚人的是美國政府的報告中記錄著，「向日方要求提供流行病學研究的原始資料，但迄今仍無法取得」……筆者訪美之際，也不斷聽到美國環境保護局與相關學界的科學人士發出不滿：「兩年前就已經鄭重向日本環境廳以及制定標準專門委員會請求，提供日本制定NO_2標準的依據資料，也就是流行病學調查資料，卻完全得不到回應。」

17〔譯註〕產業經濟新聞社發行的月刊，創刊於一九七三年十一月。

這件事更加深了美國國內對於日本政府及科學界的不信任……日本環境廳宣稱日本是汙染管理的先進國家，自負可成世界各國之典範，而且在《環境白皮書》中也宣稱，在環境科學方面展開了國際合作。國際互助是必要的，假如日本對於自己制定的標準有信心，為何至今還不提供美國政府及科學界請求的資料呢？一方面違反國際慣例拒絕提供資料，另一方面卻以「美國方面有所誤解」等說法規避問題，敷衍國民，此外，還揑造宛如美國的NO_2標準制定有誤的訊息，以閃避外界的批判，這些在在都顯示是日方的錯。就算被人民解讀為NO_2的標準是根據日本錯誤的標準而訂，所以無法解釋清楚，那也沒辦法吧……。

以上引用了好一部分，在此我想討論的是，第一，政府應該如何處理這個問題？第二，在得到這種結論的過程中，「醞釀空氣」的進行過程是透過何種模式，而得到與過去各種論點類似的結論，以及根據此結論做出決定的模式有什麼樣的共通點？

首先是第一個問題，一邊高唱著「國際性」，一邊對於對方的資料請求卻毫不理會，時間還拖上了兩年，真是太失禮了，我認為這樣的行為完全失去國際公信力。一旦失去國際公信力，就會反過來影響國內輿論，而失去人民對政府的信任。無論是資料、商品或是技術，若具有國際性，自然就會出現反彈現象；就如同「如果在美國的車有瑕疵，在日本的車也會有瑕疵」的想法。因此，我認為日本環境廳應該盡速回覆美方的請求才對。然後我相信回覆的內容應該會像下面這樣。

「在日本，針對這些問題做出最終決定的是『空氣』，所謂科學根據通常是為了迎合此空氣而重新建構的，所以對於夏伊博士及多數機構只舉出科學根據而批判日本『犯了許多科學上的錯誤』，我方無法接受。如同以前豐田[18]聯合艦隊司令長官回答的那樣，我方的回答只有一句『對於不知當時空氣者的批判，我一概拒絕回應』」。

甚至，連載〈直搗汙染問題的真相〉（公害問題の真相を衝く）的《實業之日本》（実業の日本）雜誌總編輯吉田信美，也針對這個「充滿嚴重錯誤」的汙染管理做法提出說明（《週一評論》〔月曜評論〕），「……這就類似第二次世界大戰前夕，沒有充分認識美國的真正實力就魯莽行事的陸軍單細胞戰鬥精神……」，相信這樣的解釋就非常清楚了吧。

18〔譯註〕豐田副武，海軍大將。曾任日本聯合艦隊司令長官，後擔任第十九任軍令部總長。

說到這裡，我認為最先出現的問題大概就是「『空氣』二字應該如何翻譯成英文？用air能通嗎？」或許有人會誤以為「空氣」的用法只存在於日本，應該無法譯成外文。不過擔心是多餘的，沒有國家不存在著「空氣」，問題只在於他國人民是否允許自己被所謂的「空氣」控制，如果不允許，又是如何應付而已。因此，這個「KŪKI」[19]如果說類似pneuma、ruach、anima，我想外國人也大致能夠明白吧。

這些詞彙在古代文獻中經常出現，當然《舊約聖經》中也時常看到，意思亦大致相同，ruach（希伯來語）可以翻譯成pneuma（希臘語），也是anima（拉丁語）的意思。從anima衍伸的詞彙是animism（物神論？）。日文經常把這些詞彙翻譯成「靈」，不過如果翻閱《希英辭典》就知道其原意是wind（風）、air（空氣）。《聖經》日譯本中「靈」的用法，似乎源自於明治初期的《聖經》中文版（？）。只是中文的「靈」與日文幽靈的「靈」又有些不同，有的場合好像是指「鬼」這樣的靈體。我認為要貼切翻譯是很困難的。《聖經》的各種日文翻譯版本中，有的會對於這個詞彙加上標音處理，例如「風」（れい〔rei〕）、「靈」（かぜ〔kaze〕），顯示了翻譯這個詞彙的困難之處。

最初的意思是「風、空氣」，但是古人也用來表示氣息、呼吸、氣、精氣、魂、精神、非物質存在、精神性對象等含義，有時也指言靈這種語言不可思議力量的「靈」。如果閱讀包含了上述所有含義的原文，某種隱形「力量」或「咒語」便會約束著我們，就如我們說「在當時的空氣下……」的「空氣」那樣，也可以用來表示「擁有人的能力控制人們，但實體卻又如風一般難以掌握」。因此，我認為從這樣的用法來說，原意就幾乎是日文中「空氣」的意思了。

人們陷入宗教狂熱的忘我（ecstasy）狀態，或是因為某種風潮而出現集體異常的狀態，就是因為這個空氣（pneuma）沸騰所引起的。一旦把這類報導中的空氣（pneuma）套用原本空氣中的「空氣」含義，就可看出古代的報導竟也出現意想不到的現實味道。他們也知道這種極為奇妙的「空氣控制」實際存在著。因此，如果回覆美方說日本汙染的標準是由空氣（pneuma）決定，相信對方也會理解吧。同時，對方也會明白這是一個宗教決定。若是如此，北条誠文章中的「車巫審判」就跟異端審判屬於同一種形式，那也就完全合理了。

閱讀了出現空氣（pneuma）一詞的文章後，就會覺得「原來如此，寫這種文章的人才是真正的現實主義者呢」。靈（pneuma）這種奇妙的東西約束人們自己，剝奪自己一

19〔編註〕空氣的日文發音。

切的自由，因此也失去判斷自由、言論自由與行動自由，像是被什麼東西詛咒，有時也會做出使自己遭到毀滅的決定等等，這些奇妙的事實他們全然認同；他們思考的是在「靈（pneuma）的控制」的前提下，自己該如何思考，又該如何應對。

另一方面，明治時代的啟蒙主義主張「靈的控制」的想法既無知又野蠻，「否定」其存在才是實際的、科學的，如果否定、拒絕、譴責、付之一笑，那樣的想法自然就會消失。然而，就算「當作不存在」，「存在」之物就是「存在」，假如「當作不存在」，反而會失去各種剎車機制，進而形成無人可擋的力量，使得「空氣控制」成為決定性的關鍵，最後把一整個民族逼到滅亡的絕境。大和艦出擊僅僅是「空氣」決定的其中一個案例而已。太平洋戰爭本身，不，在此之前引發日中戰爭以及應對的方法，都是由「空氣」決定的。然而看到汙染問題的應對、日中邦交正常化的現象之後，就會發現未來「空氣」決定或許還會繼續控制我們，逼我們走向一個完全相同的命運。

六

福澤諭吉（結果他好像成為眼中釘一樣。不只是他，各種意涵的明治啟蒙家）所做的，就跟拙劣的癌症手術一樣，以「切除式的否定」來「當作不存在」，但是這麼做反而使癌細胞轉移到身體的其他部位。更糟的是，日本在二次大戰後再次進行了一次類似的啟蒙手術，因此連科學上的決定都受到空氣控制的束縛，自由受到限制，科學根據遭到忽視，經常都是由「凌駕法規」或「凌駕科學根據」的東西決定一切。凌駕科學根據的決定不只有制定NO_2標準的案例，凌駕法規的決定也不只有吉隆坡事件[20]，這類的案例多不勝數，在此先討論明治時代的一個案例，以及第二次世界大戰後的兩、三個案例。

福澤諭吉踩踏神社的神符，是因為神符是「過去的神符」，所以才能踩踏。這個行為本身沒有根本解決問題，因此社會上也立即出現連他也絕對不能踩踏的「文明開化」新神符，那就是天皇署名的《教育敕語》或是御真影[21]等物。如果依照「科學」的說法，這些都是紙張，只是印刷墨水與感光液附著的物質而已。以福澤的角度來說，物質始終就只是物質，要是人們對於物質感受到什麼樣的臨在感，那麼這樣的感受就屬於野蠻行為。然而，如果依照「科學根據」定義這只是單純的「物質」，那麼這樣的定義就會遭到凌駕法規的標準處罰。內村鑑三不敬事件[22]發生時，基督教會的代表性人物植村正久

20〔譯註〕一九七五年日本赤軍在馬來西亞吉隆坡發動的恐怖攻擊事件。

21〔譯註〕日本天皇及皇族的相片、肖像畫之尊稱。

的評論就充分說明了這樣的情況。

……雖然人世間的禮儀中有許多都是意義不明的，不過我等今日在小學、中學裡實施對相片敬禮、對教育敕語敬禮等行為，不得不說幾乎就像是一場兒戲。憲法裡找不到，法律裡找不到，教育法令裡找不到，只因當局者的痴愚異想天開，誤解敬重陛下的真正意涵並損及教育精神。在這當中，養成了一些有爭議的習慣，如明治盛世重視不動明王神符、水天宮相片等，都一樣養成了相同的惡習。我不想從宗教的角度評判，作為忠於天皇的日本國民，作為支持文明教育的人，作為想要維護人類尊貴的一分子，我不得不駁斥這些弊病，不只是駁斥，我也相信從中學開始掃除此等習慣乃國民之義務。聽說內村遭（第一高等學校）勸告提出辭呈。對教育敕語敬禮是基於哪條法律、哪條教育法令而規定的呢？事情的大小不同，運動會等的安排毫無輕重，都只不過是校長及其他人擅自想出來的花招。正因如此，我等得知丟了教職的理由，內心感到極為痛苦。

謹慎拜讀教育敕語不會達到敬重權威的宗旨。維持學校秩序、養成謹慎順從風氣也不必了。我們無法評論該政策之得失，然而積極把重點置於此以致於免除一人之教職的學校，為何對於學生變成暴徒一事不聞不問？為何對於無賴般的運動視若無睹？為何容忍敗壞秩序的行為？為何害怕學生、汲汲營營地迎合學生的想法……。

前面的描述顯示學校當局屈服於「學生運動」，而對該事件做出凌駕法規的處置。同時，也清楚而澈底顯示明治的啟蒙主義（結果昭和時代的啟蒙主義也一樣），最終對於新的「不動明王神符」、「水天宮相片」毫無影響，這些物質擁有超越法律的力量，人們對這些物質產生移情作用，將其絕對化之後所產生的臨在感醞釀成為「空氣」，空氣如詛咒般的控制，使人們陷入狂熱狀態，就算「變成暴徒」，不僅只能置之不理，也同時剝奪了他們視為目標對象的各種法律保護，讓當事者有餓死的心理準備。若有人認為日本人對於宗教採取寬容態度，我總是告訴他們這個例子。這樣的現象怎麼看都不叫寬

22〔譯註〕作家、基督徒與傳教士身分的內村鑑三，拒絕向天皇署名的《教育敕語》敬禮，引發了一連串的渲染、攻擊事件。

容，如果碰觸到某「一點」，日本人就會顯現出令人恐懼的不寬容態度，無論那人的人權、法律．基本權利等，也都理所當然地忽略。這也顯示那個看起來寬容的態度其實並非寬容，只不過是不寬容的標準不同而已。關於標準的不同，後面將會討論，我先繼續前面的話題。

不用說，像這樣的情況就是以臨在感去理解「影像」，並將這樣的理解絕對化，空氣的控制就此產生，也同時控制了所有日本人的行為舉止。此外，這不是因為理解的對象是御真影或教育敕語，這顯示戰後也出現相同狀態以及基於相同狀態所產生的不寬容。不用說，植村的說法基本上就是透過對象的對立概念而得到的理解，亦即相對化的一種型態，透過教育敕語、不動明王神符、御真影、水天宮的相片等型態，將對象相對化。被相對化的對象之臨在感理解無法絕對化，這樣就不會發生被對象控制的情況，因此「空氣」也就隨之消失。這是對抗空氣的一種基本型態，而且這表示對於想要創造空氣以達到「空氣控制」的人而言，必須以各種手段排除的，就是把對象相對化的人。

前述的吉田信美這麼說道。

……我至今仍持續思考為何會發生這種「充滿嚴重錯誤」的汙染管理的根

本性問題。從結論來說，我真的覺得這是存在於日本人本性的問題。昭和三十六年（一九六一）三重縣四日市市出現大量的氣喘病患者……（其後還有各種狀況）……東京都杉並區與世田谷區才剛發生光化學煙霧，社會上就瞬間出現攻擊汽車的言論，本來年底的國會會議打算修改汙染對策基本法，以達到「健全經濟的平衡發展」，項目也遭到了刪除。為什麼要這麼急著刪除這個重要項目呢？就算是三分鐘熱度也要有個限度。我認為……刪除這個項目是嚴重過失，誤導了後來的環境政策方向。

這位持續追究汙染問題的人所做出的結論可真是尖銳，他認為這個「嚴重過失」的基本原因，在於刪除前面提到的項目——也就是拒絕以對立概念來看待「經濟發展」與「汙染問題」，並且刪除被相對化的對象之其中一方，透過這樣的做法把「汙染方」絕對化，並以臨在感去看待，最後引發「三分鐘熱度」，也就是創造潮流式的絕對化現象。問題就在這裡，一旦排除對象的相對性，並將此對象絕對化之後，人們反而會被此對象控制，也就失去解決該對象的自由。簡單來說，一旦將汙染絕對化，汙染這樣的問題就變得無法解決。而無論如何都無法明白這種關係的，就是以前的日本軍部。

吉田在這裡也繼續提到軍部。

「我自己是日本人，所以現在才要說喜歡或不喜歡也無濟於事，但是看到環境管理做得如此輕浮，又發現這是日本人性格中的一部分，實在令人十分厭惡。」

其實投入汙染問題的人都是非常認真的。另外，以前的青年士官，其實也都是認真而嚴肅的，這是無法否認的事實。但是，就如同吉田形容的「輕浮」，不知為何，我在這裡想起中國前總理周恩來送給田中前首相的一句話，「言必信，行必果」[23]（即為小人）。這句話用來形容日本人真是再恰當不過了。我認為這句話大概也是全日本人的寫照，如果能夠讀出「小人」（輕浮）的意涵，那就真的非常精準地看出日本人的本質了。想到這點，令人不禁嘆息。無論是「一旦說要做就勢在必行，既然做了，就一定貫徹到底」的寧為玉碎的例子，或是不斷替換以臨在感理解的對象，在各種不同的情況下被「空氣」控制，嘴巴說「領先時代」，卻是一溜煙地往四方奔竄等，這些都是「言必信，行必果」的「小人」吧。如果是大人[24]，或許會透過相對的概念去理解對象，藉以掌握全局，這樣就不會成為小人這類的人；他們也知道解決問題是透過對象的相對化，擺脫對象使自己獲得自由。

只是非常麻煩的是我們對於把臨在感套用在對象上，並將對象絕對化的人視為純真而優秀的人，對於把對象相對化的人，則視為不純真的人。而且，人們會以臨在感去看待被定義為純真的人，將其絕對化並讚美之；被定義為不純真的人也會被以相同手法遭絕對化，並受到排擠。如果是以這樣的標準來看，植村正久其實就不是純真的人，而且恐懼排擠植村的「空氣」的人們也都會閉嘴吧。然而，如果仔細想想，被稱為中共史上不倒翁的周恩來前總理，自己本身就絕對不是會套用這種「純真」概念的人。另一方面，主張玉碎主義，高喊「以恐怖手段包圍經團連[25]，停止所有工廠運作，滅絕汙染」的人，確實就是「純真」的人。只是，以這樣的方式阻絕汙染並不等於「解決了汙染這個問題」。就跟人死了就沒病一樣，與「解決疾病這個問題」完全無關。

為什麼會發生這種情況呢？問題要回到原點。被以臨在感理解的絕對化對象控制的最明顯例子，就是「死的臨在」之控制，這是日本帝國陸軍絕對控制的基礎，關於這點在我另一本著作《一位下級將校所看到的日本帝國陸軍》（一下級将校の見た帝国陸軍；

23〔譯註〕摘自《論語．子路》，「言必信，行必果，硜硜然小人哉！抑亦可以為次矣。」
24〔譯註〕《孟子．離婁下》「大人者，言不必信，行不必果，惟義所在。」
25〔譯註〕指日本經濟團體聯合會。

朝日新聞社出版）中有詳細說明，故不再重複。不過，「死的臨在」之控制在戰後的民間也明顯出現各種「遺像示威」及相同的做法。無論是御真影或是故人遺像，以福澤諭吉的說法就只是紙張與感光液等物質，就算用腳踩或撕碎，物質也只不過是物質而已。假如要忠於這樣的教導，就可以現場撕毀相片看看，現在受到的凌駕於法規的處罰，大概也不會比內村鑑三所受到的處罰還嚴重吧。因為凌駕法規的空氣的關係，三井金屬被迫放棄「憲法保障的上訴權利」（雖然聽說有這種東西）——就如我最開始提到的，對於擁有處理人骨就會莫名發燒傳統的日本民族而言，這其實是具決定性的做法。在北条描寫的「車巫審判」中，明顯看到與NO_2無關的交通事故而留下的遺孤，以一種「死的臨在」狀態出現。像這樣的情況，說出「不要拿出與科學根據無關的事物」，就跟說「遺像只是物質，毫無關係」一樣，講出這種話的人只會遭到凌駕法規的裁決。因此，假如沒有植村正久所具備的勇氣，每個人都只能閉嘴。

而且，那樣的力量不只控制了在遺像示威現場的人，也控制了透過媒體報導而以臨在感理解的所有人，讓所有人都失去透過相對化以擺脫對象而獲得自由的能力，以及透過相對化解決「問題」的能力。日中戰爭擴大的導火線通州事件[26]及其報導，利用了與「遺像示威」相同的力量，不，更大的決定力量控制了所有日本人。如果閱讀並比較當時的新聞報導與遺像示威的報導，再回想「遺像示威」的控制力，相信所有人都可真切感受到當時那種力量起了多大的決定性作用，也對於那種空氣的控制感到不寒而慄吧。這種狀況是大和艦出擊無法相比的，而且也更勝於以凌駕法規的罰則，處罰把御真影或遺像示威中的相片「當成物質」的人。別說是「有餓死的心理準備了」，是真的連命都會丟了。只是，如果是這樣的話，那就會被該對象控制、約束，失去一切的自由，進而走向「言必信、行必果」的結局，所有「問題」都無法解決，解決的只有犧牲生命的自己而已。周總理大概不像日本人那麼健忘，應該非常清楚地記得那時日本人的狀態吧。此外，因為日中邦交正常化的空氣控制，而做出凌駕法規的片面廢止《中日和平條約》[27]行動，看到這樣的過程，感覺依舊是小人的行徑。因為無論是大人或小人，如果不承認對象的相對化，那麼無論是汙染問題、外交問題，或者無論是任何民族，也都會演變成這樣的局面——。

確實可以說「大家都一樣是人類」，只是這句話可以解釋為「如果人把以臨在感理

26〔譯註〕一九三七年七月二十九日，位於北京東邊的通州發生大規模屠殺日本人的事件。

27〔譯註〕《中華民國與日本國間和平條約》，簡稱《中日和平條約》，一九五二年中華民國與日本為結束兩國自二戰以來的戰爭狀態而簽訂，但是日本在一九七二年與中華民國斷交後，片面廢止。

解的對象絕對化之後，反而被該對象控制的話，那麼這個人就會做出相同模式的行動」。假如有個民族的傳統是把臨在感理解視為有罪，並處死以臨在感去理解對象的人（這剛好與日本相反），因為同為人類，所以其行為模式應該會完全相反。簡單說，正因為一樣是人類，所以才會有不同的行為模式。而且，主張「人類都一樣」的人忽略的就是「因為相同，所以行為不同」的這種關係。當然也有的情況是「因為相同，所以行為一樣」，同樣地如果有某種「空氣」顯示所有民族都不同，那也是錯誤的。這個問題也一樣，因為是相對的，所以不應該由「空氣」來決定。因此，以下描寫的是「相同，所以行為不同」的一面——只不過是重要的那一面。

我之所以對「遺像示威」的議題感興趣，是因為我想到假如在伊斯蘭文化圈中，特別是澈底執行「禁止遺像」的沙烏地阿拉伯進行這種示威活動，會造成什麼結果？伊斯蘭教、猶太教、部分基督教禁止肖像或是禁止崇拜偶像，其基本概念是「物質始終就是物質，一旦感覺到該物質背後有什麼東西臨在，然後受其影響或是與之對應、禮拜等，就是受控於被造物並依附其下，這樣就犯了褻瀆造物主的瀆神罪」。因此，可能誘發瀆神的東西都是「惡」，就必須排除之。所以可以說基於臨在感理解的絕對化所產生的「空氣控制」就是「惡」。以前禮拜偶像是死罪，現在應該也會被判死刑，不過沒有實際的案例。在沙烏地阿拉伯據說還會斬首——。在這種國家中，御真影、水天宮的相片或是遺像示威中使用的相片等，如果不立即撕毀就會惹禍上身。不過，就算那樣的行為與福澤諭吉完全相同，他們也不是基於「科學」的想法而做的。

這些國家現在正持續現代化，終究也會出現汙染問題。如果發生水俁病這類的問題並引發「遺像示威」等行動，會產生什麼後果呢？雖然這是我自己想像的問題，但是如果詢問專家，對方可能會回答「因為沒有前例，我無法想像」。當然，似乎「每個人都有可能被斬首」，因為沙烏地阿拉伯國王費瑟遭暗殺的原因，據說就是引進電視這類的「想像」所導致的，所以對「遺像示威」的處分確實會超乎我們的想像。然而，就算這些可以說是「孕育出科學的基本精神架構」（關於這點當然可能有爭議），但是暗殺、假想的處分等也跟科學沒有任何關係。如果聽到「因為引進電視所以遭到暗殺」，或許日本人反而覺得這種行為「多麼不科學呀」，不過，這與不科學又是不同的議題。

這種傳統看起來越往西方影響力就越弱。阿拉伯只有阿拉伯風格，猶太裔俄羅斯畫家馬克·夏卡爾（Marc Chagall）出現之前，猶太人沒有所謂的造形藝術家，但是基督教世界有著各式各樣的畫像與雕像。最早基督教世界的羅馬天主教與希臘正教的分裂，也是聖像問題引起的，這兩個教會亦認為以臨在感理解對象並將其絕對化，亦即對偶像崇拜，是「有罪的」。另外，看到早期基督教徒對於外國傳入的希臘、羅馬藝術進行偶像毀滅所留下的破壞遺跡，以現在的角度來看，別說是「科學」了，根本就是令人害怕的「野蠻行為」。然而，基本上相同思惟所做出的偶像破壞、雕像破壞等，目前在伊斯蘭文化圈中仍盛行不已，卻也不見得會被視為「野蠻行為」。

這到底要怎麼解釋呢？簡單說，這就是一神教（monotheism）的世界。能夠稱得上「絕對」的對象，只有唯一的神，所以其他所有的一切都被相對化，如果不以對立概念去理解就是有罪。在這樣的世界裡，原則上不允許不被相對化的對象存在，關於這點容後再述。不過這個澈底相對化的世界，也就是《舊約聖經》的世界，乍看似乎可以親近，但是花了將近半個世紀去瞭解之後，這種澈底相對化的狀態卻又讓人不禁覺得「這樣的世界終究還是難以親近呀」。這樣的世界不可能創造出「空氣」，就算出現某種空氣也會遭到相對化，而且澈底相對化所留下來的，最終就只剩下契約而已。

另一方面，我們的世界簡單說就是泛靈論（animism）的世界，我想animism也可以譯為物神論（?）。如前面提過的，anima的意思與「空氣」相近，因此animism也可以說是「空氣」主義。原則上來說，這是個沒有相對化，只是有著無數個絕對化的對象，因此就算以臨在感去理解某對象，該對象也可能一變再變，所以隨著時間流逝，絕對化的對象也能夠變成相對化（要是進行順利的話）的世界。像這樣不斷從一個對象轉移到另一個，而且每次轉移後的一段時間就會被該對象控制，接著再轉移到其他對象，且就把前一個對象忘得一乾二淨，從這樣的模式來看，確實就是「輕浮」沒錯。然而，在這個世界中若不處於看起來「輕浮」的狀態，應該也會過得非常辛苦吧。簡單說，就是沒有以相對的角度去理解經濟成長與汙染問題，某一段時期「成長」的議題被絕對化，下一個瞬間又換成「汙染」的議題被絕對化，過一陣子，「資源」的議題又被絕對化，這樣的形態可以說「熱得快也冷得快」或「馬上就被社會空氣控制」，也可以說是「輕浮」吧。不過，如果後來回顧這樣的過程，就會發現這個世界非常能夠做到「相對化」。從好的方面來說，可以說是根據不同時期的「空氣」「巧妙地改變方向」；從壞的方面來說，也可說是「愛搶先的輕浮行為」。但是看法因人而異，就如同法國報紙評論日本對於石油危機的應對一樣，認為這樣的應對是一種「本能式的」反應。

然而，我認為這終究是物神論社會的傳統做法，我們評論的那些不同時間點出現的「純真人類」，說到底就是真誠地忠於此民族傳統的人。還有，這個世界的災難性危險，應該不是發生在控制全民族的「空氣」破滅並改變成其他「空氣」的時候，而是發生在「空氣」被純真的人們堅守住，並形成半永久性的固式永續制度。比起法西斯主義，這樣的狀態是更嚴苛的「空氣控制極權主義」。

若想避免形成這樣的狀態，該怎麼做才好呢？基於物神論曲折迂迴的相對化所得到的自由，以及因此脫離對象控制的狀態，確實是解決想要獲得安穩／平穩的環境，而在轉換期／成長期中所發生各種問題的好方法。這個方法使得明治時代與戰後的做法變得可行，同時福澤諭吉式的啟蒙主義也有機會實踐。只是這個做法會變得跟日本軍一樣，成為「短期決戰的連續型態」，故無法「長久持續、長久維持」，甚至無法擬定以持續為前提的超長期計畫。由此緣故，成熟的社會就會呈現出極為危險的樣態。那麼，應該怎麼做才好呢？我們難道不應該先調查決定性的相對化世界，也就是調查以對立概念理解一切的世界之基本做法，然後才脫離「空氣控制」嗎？那麼該怎麼做才好呢？首先必須具備「空氣（pneuma）相對化」，也就是以對立概念來理解空氣。

我們是個總是擁有某個絕對命題的社會，從「忠君愛國」到「正直者不吃虧」等，經常把某種命題絕對化，以臨在感去理解該命題，然後被那樣的「空氣」控制。而且這些命題，例如「正義終將獲勝」、「正直者終將獲報」都是絕對的，沒有人會懷疑其絕對性，不奉行此命題的社會就是壞的社會，無論戰前或戰後，這樣的信仰一直持續著，因此，日本人無法理解提出與這些對立的命題的相對化世界，而且也深信這樣的世界不存在。然而，現實中這樣的世界確實存在，不，是日本以外的大部分世界都是如此。到底那是怎樣的世界呢？關於這點，我將在後面說明。

七

說了各種空氣控制的型態，從對人骨這樣的物質產生移情作用，導致被臨在感控制的原始物神論，一直到例如被「汙染」這種（被）絕對化的命題，或者以臨在感理解名稱而遭到控制，也就是「言語造成的空氣控制」，或是御真影、遺像示威等新型偶像所產生的空氣控制等，現代的各種空氣型態。

還有，像是教育敕語這種文字或是名稱等，也跟相片一樣成為偶像，並成為禮拜的對象，如果對該偶像產生絕對的情感依歸，那麼該對象就成為絕對控制我們的「神像」，難怪天皇也就成為現人神了。天皇發表了《人間宣言》[28]，然而，有趣的是就算調查明治以後的任何記錄，也找不到任何證據顯示皇室說過「我自己就是現人神」的宣言。因此，應該發表《人間宣言》的是說出「現人神」的人，而非被稱為現人神的人。這道理

28〔譯註〕昭和天皇於一九四六年發表《關於新日本建設之詔書》，通稱為《人間宣言》。

就像是警察誤認某人是犯人，更正此錯誤的義務在警察身上，而不在被搞錯的人身上一樣。奇妙的是沒有人打算去追究說出「現人神」的那個人。說來，就算認真追究，恐怕也是白費工夫，因為有些情況就是「空氣」搞的鬼，也因為天皇制度正是典型的「空氣控制」體制。

現人神可以說就是偶像，就如「佛像這樣的物質」，也像人骨這類的物質，就算是人們自己感情投射的對象，該對象本身也不會擁有自己的意志，因此應該不會自己主動發表「現人神宣言」。佛像就算沉默端坐著，應該也不會發表活佛宣言，或是靠自己的意志行動、站立、吐舌、表示意見等。要是發生上述這些情況，就不再是人們以臨在感理解的對象了。對於引發二・二六事件[29]的將校們而言，所謂天皇應該是被稱為偶像的「現人神」，因此當他們得知這個偶像天皇擁有自己的意志，驚訝的程度就如同看到佛像站起來開口說話一樣，因為這麼一來他們皈依的就不是「現人神・天皇制」，而是天皇這位擁有自己個人意志的人類政治統治者；這樣就變成是以一個普通人類的意志所進行的一般統治，而非現人神的天皇制了。假如要簡短定義上述的「天皇制」，大概就是「以臨在感去理解偶像對象，並據此透過移情作用創造出空氣控制體制」。所謂的天皇制就是空氣控制。因此，批判空氣控制的天皇制，或是批判被空氣控制的天皇制等，從批判本身就是以天皇制為基礎的意義上來說，批判根本就是不可能的。

能夠被偶像化的對象，不只是任何神像或人類，文字、口號等無論其含義為何，也都可以被崇拜（二次世界大戰前，對於大部分的日本國民而言，天皇的存在也只是相片與語言，從未見過位於九重天之外的天皇本人）。因此，「語言天皇制」可能成立，也確實成立。現實中出現「文字獄」這種新的不敬罪就可以證明。也就是說，在那樣的情況下，比起文字本身擁有的意義，以臨在感去理解文字，並將其偶像化所產生的空氣才是真正的問題。如果說不允許偶像的存在，那麼在那樣的世界中，將語言偶像化也應該不被允許，某種語言或者某個命題都必須相對化，必須以對立的概念來理解才行。還有，絕對不被允許相對化的「神明的名稱」，因臨在感理解而被偶像化，也因偶像化而招來偶像崇拜，反而造成褻瀆「神」的後果，為了預防這點，應該也絕對不能提到神明的名稱才對。這樣的情況確實是有的。猶太人把神視為絕對，所以禁止提到神的名字，這個禁止是絕對的。即使說出歧視性用語也不會被判死刑吧，但是《塔木德》〈公會篇〉第七

29〔譯註〕一九三六年，日本一群陸軍少壯派軍官發動武裝兵變，意圖推翻內閣，成立由天皇直接領導的軍人政府，後告失敗。

篇第五節就明言規定，說出神的名將被處死刑。

所有其他詞彙都被相對化。可以說，就算怎麼看都是絕對化的詞彙，都可能被相對化，而且非這麼做不可。也可以說人們說出口的詞彙完全找不到可稱為「絕對」的詞彙，人類提出來的命題都是能夠以對立概念理解，也非得這麼做不可，否則人類就無法控制語言，反過來還會被語言控制、失去自由，最終變得無法理解語言。

以上的說法聽起來很抽象，我用兩、三個例子說明。舉例來說，有一個命題是若正義之神存在，則「正義的一方必將獲勝」。這個命題看起來無法相對化。不過，他們說「那麼，失敗的人都是不義的嗎？如果失敗者不義，而勝者是正義的話，那麼所有權力者都是正義的嗎？」又說「正直者必將獲得回報」。「那麼」，他們說「沒有獲得回報者，都是不正直的人嗎？」這就如後面將提到的〈約伯記〉的主題，只是他們的這些說法，不僅限於《聖經》，而是分散到各方各面。「希望這個世界是一個正直者不吃虧的世界」、「別傻了，如果有這樣的世界，那麼吃虧的人不就都不正直？」、「所謂社會主義的社會就是依照能力工作，也依照工作的付出獲得相對報酬的完美社會……」、「才沒有這回事呢！假如社會真的變成那樣，那麼領取低薪的人除了要承受報酬少的痛苦，還要被貼上無能的標籤」。

可舉的例子非常多，連在我們的社會中通常被絕對化的命題，例如正義的標準，也都被以某種對立的概念去理解與相對化。

如果按照上述的做法，確實能夠預防語言偶像化所產生的空氣控制。雖說如此，這樣的世界也不是沒有「空氣」存在，只是他們會設法以各種方式預防空氣控制。若是我們，我們會說「因為當時那樣的空氣，會這麼做也是沒有辦法的」，不過他們不會就此善罷甘休。當然，他們的社會也有把空氣控制視為合理的部分，特別是音樂或祭典就是如此。即使是現在，搞不好他們沉醉於音樂或祭典所醞釀的某種情緒帶來的強大空氣控制，程度還遠勝於我們呢。只是，重要的是他們是經由多數決的決定，澈底消除空氣的控制，因為至少在一個以多數決規則做決定的社會中，該決定場合中的「空氣控制」會是致命的關鍵。此外，就如我前面所舉的那些，在日本也是有許多空氣控制是致命關鍵的案例。

襲擊多數決規則並使其空洞化的空氣控制，決定性地呈現在「死的臨在」之空氣控制上。前面提過這樣的例子，那時的空氣控制當然強大到無人能抵抗，這樣的狀態即使是他們也一樣。因此，對於死的臨在之決定（例如，對殺人者的死刑判決），他們是極為慎重的，他們會試圖在各方面排除死的臨在，也就是「死的空氣」的控制。根據《塔木德》〈公會篇〉第四篇第一節，對於殺人者的判決，「如果是相當於死刑的刑罰，一票之差就有可能做出無罪的判決，但是若要做出有罪的判決，則需要兩票之差」。甚至，「公開審判如果是在白天進行並判決無罪，則當晚即可宣判無罪，但若是有罪的判決，就必須（經過一晚）隔日才做出正式裁決」。另外，「為了做出無罪的判決，可以重新再審，但是不能為了判決有罪而重審」。甚至關於證人也有規定，例如「證人可以說出有利於被告的證詞，但不能說出對被告不利的證詞」、「說出證明有罪的證詞者，可以改成無罪的證詞，但是已經提出無罪證詞者，不能改變主意改成有罪的證詞」等。而且不可否認的事實是，就算他們如此慎重，還是會出現許多誤判的個案。

多數決規則的基本決定方式只是以對立概念去理解人類本身，並且以「量」來顯示每個人內心對立的「質」的狀態。日本社會也有「多數不見得就是正確」的說法，不過這句話本身應該是來自於對多數決規則的無知吧。能夠明確說出正確與否的事情，例如論述或證明等，本來就不是多數決規則使用的對象，因為多數決這個方法只能用在決定相對化命題的時候。

如果探究日本的「會議」實際樣態，就無需麻煩地說明了。舉例來說，在會議中做了某決定之後散會了。與會人員三三兩兩去酒館喝酒，在酒館裡已經沒有剛剛做決定時的「會場空氣」，而是「酒館空氣」，所以大家就開始暢所欲言。於是在「酒館空氣」之下，就會有人說「在會議那樣的空氣底下，不得不那麼說，其實那個決定是有點……」，就像這樣，在酒館裡說出的結論與會議中得到的結論完全不同。

如果環繞酒館一圈，蒐集在那裡得到的結論，可能會得到另一種多數決結論吧。我經常想，日本的多數決應該採取可稱為「會場／酒館雙重方式」的「雙空氣控制法」，加總會場的多數決與酒館的多數決，投票數變成兩倍，以這樣的多數來決定，或許就會得到最正確的多數決吧。

就像這樣，即使是同一批人，在會議中與會議外所做的決定也可能完全相反，每個人內心對命題的闡釋各有不同，有時贊成七比反對三，有時是六比四或五比五等，就只能依著現場的不同空氣，可能在會議中只說出贊成的意見，在會場外就只提出反對的意見。因此，如果計算場內、場外的所有意見，就會得到真正的多數決，只是原本的多數決應該是在一場會議中計算票數。

在日本是不會這樣做的。不用說，會議內與會議外的不同表決，就是前面提過的「空氣控制下曲折型態的相對化」的一種。而且，這只不過是表示人類心中包含著對立的矛盾，是以「空氣的變化形」之形式在不同時間出現。處於就算最終決定不斷拖延也覺得稀鬆平常的日本，這也不是什麼大問題。看看德川時代，從幕府成立到結束，幾乎都沒發生過必須做出真正重大決定的事件。即使有短暫的例外，日本也總會回歸原來的狀態。確實就算直到現在，也都會及時回歸——只要別做戰爭這種自不量力的決定。另外，模仿先進國的時代如果以臨在感去理解先進國，透過那樣的理解被先進國的「空氣」控制、一致遵循此空氣控制的話，就不會有什麼重大失誤。不，甚至可以說那樣的做法更安全。也因為這樣的緣故，空氣控制反而被誤解為最安全的決定方式，至少覺得這樣的決定方式沒什麼大問題，因此能夠毫不在意地把責任轉嫁到空氣上面。不能否認明治以後，這種傾向一年比一年嚴重。

八

然而，中東或西歐那些經常要面對消滅或被消滅的國家，那些做決定時總是被迫賭上自己與團體生存的國家及居民，假如他們理所當然地接受「空氣控制」，恐怕會很難生存吧。再者，或許這催生了一種生存方式，就是以對立概念理解對象、理解自己，藉此預防虛構化，也因此不被對象控制，反而脫離對象獨立並控制對象。還有，對於他們而言，最棒的教科書可能是《舊約聖經》（亦即澈底相對化的世界）。據說經過《聖經》

與亞里士多德的千年鍛鍊之後，就會打造出盎格魯．撒克遜型態的民族，這民族的最大特色，或者說是其體質，就是對於相對性的理解吧。

《聖經》的相對化世界是什麼樣的呢？還有，連這樣的相對化世界被帶到日本後，是否其相對性也會消失，而被賦予唯一的絕對性，成為以臨在感理解的對象呢？以下我舉兩個例子來說明。

《聖經》最初說的是神創造天地、創造人的故事。在聖經文化圈中，每個人都知道這些故事，而且在日本大家也都知道亞當與夏娃的故事。但是，在日本被大家所熟知的故事內容，其實是與《聖經》無關的「排除相對化」的日式「聖經」故事。根據（日本各式各樣的）聖經故事所說的，神依序創造出光與暗、天與地、地與水及植物、白天與黑夜、魚跟鳥、陸地上的獸等，最後才是創造男人（亞當），並用男人的肋骨造出女人（夏娃）。不過，《聖經》裡沒有這樣的故事。在真正的故事中，創造就如同演化論所說的，從自然到植物，依序從低等動物到高等動物演化，最後的完成品才是人類，「神就照著自己的形像造人，乃是照著他的形像造男造女」，到這裡創造的故事才算結束。若是根據這樣的故事，則無論男女都是平等的，同時也都是最後被創造的完成品，並被賦予地上所有一切的控制權。

所謂創造，一言以蔽之就是「人類的定義」。確實對於人類，或說對於男與女，能夠以上面那樣的規則定義，但這並不是全部，因為《聖經》馬上就講出與此定義完全相反的另一個創造人類的故事。如果前面的故事是第一章，那麼後面的故事就是與第一章完全無關的第二章，而且記述的年代也不同。學者稱第一章為P資料，第二章為J資料。在第二章中，神創造萬物的順序是天與地、泉、男人、花園裡的樹木、河川、獸與鳥、家畜，最後才是以男人的肋骨創造女人。簡單來說，最早被創造出來的生物，或說是試作品的是男人，以男人為素材，最後被創造出來的是女人，所以兩者都不是完成品，兩者合在一起才算是完成品。

在第一章中，人類無論男女都是依照神的形象創造出來的最終完成品，也是治理地上所有生物並具有尊嚴者。但是在第二章，男人是最早利用「塵土」做出來的試作品？男人光靠自己無法生存，若要生存就必須有「合適的助手」，因此各式各樣的生物被創造出來。然而這些生物不是協助人類生存的「合適助手」，因此在創造的最後階段，神就從男人身上取下肋骨創造女人，兩者合而為一之後，人類才能夠活下去。也就是說，創造始於第一個作品的男人，結束於最終作品的女人。很奇怪的是沒想到很多人都不知道《聖經》的創造故事是由兩個完全不同的故事所組成。

不用說，第一章與第二章描繪的「人類樣貌」不一樣，不，可以說在各方面都是完全相反、互相矛盾。然而，《聖經》不試圖調整這兩章的內容以消除其中的矛盾，而是坦然如實呈現。不過，聖經故事卻消除了這兩個故事之間的矛盾，把第一章與第二章連結為一個故事。或許在「調整」方面，就存在著基本思惟的差異吧。《聖經》認為人類是矛盾的，如實記載矛盾的東西，當然記載的內容也會是矛盾的內容，如果配合語言的邏輯調整，就算內容合理也會成為虛構的內容。

人類就像第一章與第二章那樣有自相矛盾的兩個面向，若被問到這點，我想任何人都能夠同意。如果這種自相矛盾以〈箴言〉、〈約伯記〉的形式呈現，我覺得我們都會有點無法處理這樣的相對化世界。

前面稍微提到《舊約聖經》的〈箴言〉的世界是我們最能夠接受與理解的常識世界，不僅在史料上非常珍貴，通常也被稱為「東方智慧的精髓」，收錄、摘錄古代東方諸國的智慧，在新的思想觀念之下重新編輯，其中一部分就如許多學者指出的，與古埃及的「阿門內莫普教誨」（The Instruction of Amenemope）或巴比倫的「亞希夸箴言」（Wisdom of Ahiqar）非常類似。而且如果仔細比較就會大為驚訝，發現人類的生活格言或是生活的感受性等，無論是古代東方或是現代的日本，其實有著極為相似的面向。

例如意味著對牛彈琴的「投珠與豬」，在日本也是知名諺語，其他的還有「婦女美貌而無見識，如同金環帶在豬鼻上」、「我所不知道的共有四樣：鷹在空中飛的道；蛇在磐石上爬的道；船在海中行的道；男與女交合的道」、「偷來的水是甜的，暗吃的餅是好的」、「不要照愚昧人的愚妄話回答他，免得你與他一樣。要照愚昧人的愚妄話回答他，免得他自以為有智慧」等等，有趣的諺語非常多。不過，其文學價值大體上還是被排除在外，如果不質疑其呈現的道德律問題，其宗旨就是告訴民眾遵守這些教誨的人就是正直的人，而這些守律都將確實獲得回報；因此不能否認〈箴言〉與保證「如果遵守這個那個，一定會闔家平安、生意興隆」的新興宗教有著相似的一面。

簡單說就是「正義必將獲勝，正直者終將獲報」的世界。然而，如果從這裡轉移到〈約伯記〉的故事，任誰都會對於以上的說法不寒而慄。因為在〈約伯記〉中，約伯是位完全正直的富人，謹守著〈箴言〉列出的所有道德項目。所有人都認為像他那樣正直的人，獲得回報是理所當然的。但是這樣的約伯卻遭到各種天災、人禍的打擊，失去了所有財產、家人，罹患像是痲瘋病的皮膚病，因此被村民逐出村莊，坐在垃圾場中以陶瓷碎片刮除皮膚上的傷口結痂。這時，有三位朋友前來探望失去一切的約伯，看到約伯如此悲慘的情況，朋友們無法說些什麼，連安慰的話也講不出來。「他們就同他七天七夜坐在地上，一個人也不向他說句話」。

最後，其中一人開口了。本來他要說的是安慰之語，想給約伯真心的忠告，但其實卻是很嚴厲的指控。簡單說就是「因為正直者必將獲得回報，所以既然你淪落至此，表示你一定有隱藏的罪惡。若想脫離這樣的狀態，先決條件就是坦白承認自己沒說出的罪」。——亦即神的裁決是正確的。

請你追想：無辜的人有誰滅亡？
正直的人在何處剪除？
按我所見，耕罪孽
種毒害的人都照樣收割。
神一出氣，他們就滅亡；
神一發怒，他們就消沒
……
這理，我們已經考察，本是如此。
你須要聽，要知道是於自己有益。

約伯對此抗辯。於是另一個人又說了。

這些話你要說到幾時？
口中的言語如狂風要到幾時呢？
神豈能偏離公平？
全能者豈能偏離公義？
或者你的兒女得罪了他；
他使他們受報應。
你若殷勤地尋求神，向全能者懇求；
你若清潔正直，
他必定為你起來，
使你公義的居所興旺。

這樣的問答不斷持續著。從毫無進展的來回問答看出，這正是一個命題被絕對化的可怕之處，也就是萬一陷入與約伯一樣的命運，連本該是前來慰問的忠告都變成「你應該是有隱藏而未坦白的罪惡或過錯吧，否則不會淪落到這樣的地步。如果你坦誠以告，就能夠脫離如此悲慘的命運」，變成相當於拷問的譴責。這種絕對化的可怖，可說就是「語言天皇制」的可怕之處。而且，本章最開始引用的「車巫審判」案例，出現了與此極為類似的問答，以及必定會出現的「自我批判」的要求。

在此我不提〈約伯記〉的結局，〈約伯記〉不僅成為歌德的《浮士德》、安德烈．紀德（André Gide）[30]的《背德者》等許多作品的素材，也被西歐多位思想家以直接或間接等各種形式提及。雖然〈約伯記〉有大問題，但是撇除這點不管，這本書最先出現的問題就是無論命題為何都不可絕對化，一旦絕對化，可能馬上就會反過來遭到可怕的利用。那麼，〈箴言〉的命題是否遭到否定呢？並沒有。如果其命題遭否定，〈約伯記〉就不會成立。這也就是所謂的相對化，各式各樣的命題本身都包含著矛盾，原封不動把矛盾當作矛盾來理解，此命題才會有效運用，若絕對化了，就會像約伯那樣發生反向利用的情況，這樣命題本身實際上就消失了。雖說如此，從〈創世紀〉到〈約伯記〉，看到澈

30〔譯註〕法國作家，一九四七年諾貝爾文學獎得主。

底相對化的世界之後，就會不斷產生未切中問題核心的焦躁，對於想要快點下結論也缺乏耐心的日本民族而言，感覺無法繼續看下去。不過要是改變成「聖經故事」的形態以作為日式的教化，那又另當別論——。

只要人還是人，那麼無論是兩千數百年前或現代，這個相對化規則都不會改變。如果把一個命題，例如「汙染」這個命題絕對化，自己就會被該命題控制，導致汙染問題變得無法解決。如果把「差別」這個命題絕對化，自己就會被該命題控制，差別這個問題也就變得無法解決。最明顯的例子就是太平洋戰爭，一旦「敵人」這個詞彙被絕對化，就會被「敵人」控制，自始至終只會被對方左右，這樣便無法在自己的內心以對立概念來理解自己與對方，也無法自由地站在自己與對方的位置，找到適當的解決之道，到最後就產生了「一億玉碎」[31]的計畫。而且基本上這樣的想法，與為了消除汙染而消滅工廠、自毀日本的想法是一樣的。此外，只要空氣控制持續下去，這樣的想法就會陸陸續續以各種型態出現。

然而，我們的祖先對於如此危險的「空氣控制」也不是完全沒有抵抗，至少在明治時代之前，我們還知道使用「潑水」這個民族智慧。因此，除了「空氣研究」之外，也必須進行「水的研究」，我也針對這個方法做足了研究。只是這個「水」的概念對於傳統的日本儒教體系的思惟有效，但是對於疑似西歐的「邏輯」則似乎無用武之地。同時，以臨在感去理解西歐的空氣進步主義者，則敵視「潑水」的做法，並且向國民灌輸此做法為惡的觀念。昭和時代的悲劇，起因於傳統的「水」完全無力對抗表面上稱之為類西歐邏輯的「空氣」控制。這是因為「水」的基本型態是「這世界不是那麼一回事」，或是同樣的事情之相反表現「這世界就是這麼一回事」，即使這是基於某種經驗法則來暫停思考的做法，也完全不會碰觸到說出這話背後所存在的矛盾。《聖經》中完全沒有這樣的說法，假如〈約伯記〉把這樣的說法視為當然，故事就說不下去了。

日本是光這麼做即已足夠的世界。而且，這個世界的偽西歐化當然也具有極大的危險。關於這點，明治時代的內村鑑三早就警告過了，但是很遺憾的，我等尚未發現新的「水」。只是，這新的「水」可能要理解並綜合日本傳統深處的思考方式以及西歐式的對立概念後，才會被發現。在此，我先來討論傳統「水的概念」是以何種形式作用於現代的日本，與「空氣」的醞釀又有什麼樣的關連。

31〔譯註〕此計畫指日本拒絕投降，以全民皆兵的人海戰術對抗登陸日本本土的美軍。

2「水＝一般性」之研究

一

「空氣」的存在直到討論結束都還是一個模糊的概念，而「水」的概念則更是看不清楚。如果用一句話「潑水」，現場的「空氣」就瞬間消散，那種情況通常意味著「水」是眼前最具體的阻礙，透過嘴巴提出這個阻礙，可立即將所有人拉回現實。

我在青年時代，只要出版社的編輯聚在一起，就會聊到自己想獨立出版的書。因為是大家的本業，所以討論的內容越來越具體，彷彿眼前就看到已完成的書籍。即使澈底批評這本沒見過的書，也無法抹滅認定這本書會暢銷的心情。

隨著現場的「空氣」高漲，開始出現「永遠當一個上班族太無趣了，我們要不要離開出版社一起來創業？」的想法，這樣的說法迅速獲得認同，同時也變得「具體化」。類似的情況我經歷過好幾次，不，好幾十次了，所有的一切看起來都是如此美好。接著，終於到了「來進行吧」的階段，就有人說「沒有人帶頭行動吶」——現場的「空氣」瞬間破滅。這就是一種的「水」，而且原則上來說，「水」就是這麼一回事。說出口的內容只不過是如實陳述自己所處的「情況」，便因為這樣的一句話，每個人再度回歸到自己的日常，亦即自己的「一般性」中。簡單說，我們每個人的一般性就是這種「水」的連續，也就是某種「雨」，這樣的「雨」可以說就是「現實」，透過被持續落下的「現實雨」「潑水」，使我們得以一直處於現實的狀況中。因此，如果無法說出現實的狀況，就只會被「空氣」決定而已。根據最近剛從日銀退休的前輩所說，太平洋戰爭之前，日本就沒有「帶頭的人」。此外，發生石油危機時也沒有「帶頭的人」，卻沒有人對這樣的情況說些什麼。有可潑的「水」，但是無法潑出去，於是「空氣」就控制了所有人的行動。所以，「空氣控制集權主義者」通常都會痛斥「潑水者」，使其沉默。

除非基於這樣的「一般性」，否則我們無法跳脫現狀。無論如何推升「空氣」使其高漲並使「潑水者」沉默，「一般性」也會毫不客氣地不斷潑「水」。我們向來都會忽略自己的一般性，假如現場的「空氣」高漲，我們就會產生自己能夠做某事的錯覺，太平洋戰爭就是一個真正慘痛的巨大實驗。因此，我們在此應該先探究自己的一般性原則。雖說如此，但就如我在本單元最開始提到的，所以必須在非常模糊的狀態下開始進行。

此談論對象其實是模糊的，比「空氣」還更不清楚。我們的社會就如同「水」的連續，或說就像是某種威力強大的消化酵素。因為一旦遇到了水，就會經歷一段極為奇妙的過程，不知為何所有對象的輪廓都會先變得模糊，接著形體瓦解，最後融化以致無影無蹤，被吸收到某處，只留下名稱而找不到實體。然而，這個威力強大的消化酵素究竟是以何種成分組成？又是如何影響對象？還有，是以什麼樣的「化學方程式」進行分解的？諸如此類的分析，亦即消化酵素及其作用的分析等，很遺憾地至今都還沒見過可讓人接受的「分析表」。

雖說如此，將近半世紀以前，不知為何人們意識到世上好像有這樣的消化酵素。例如，內村鑑三把這個作用比喻為一種腐蝕現象。一個有趣的觀察是，因為日本多雨，所以外來的任何思想或制度也會不斷被潑「水」，最後遭到腐蝕而失去實體，雖然留下了名稱，內容卻已經變質，被日本這塊土地消化吸收。那麼，他用來作為比喻的「雨」（也就是上述的「水＝消化酵素」）到底是什麼成分，又起了什麼樣的連續作用而得到什麼結果呢？非常遺憾的，儘管內村對此狀況有所察覺，卻也沒有清楚說明其真實樣貌。

不只是西歐文明或者基督教的情況，這樣的狀況對於外國各種文明都可套用。舉例來說，日本被稱為佛教國家，這是目前世界性的定義，外國地圖等資料也把日本納入佛教圈之中，所以確實是留下了「名稱」。但是，專家認為淨土宗不是佛教，佛教裡沒有淨土宗這樣的思想論述。最具啟發性的書對日本佛教表以敬意，所以沒有如此斷言，不過讀者可以看一下英國企鵝出版集團（Penguin Books）出版的「佛教」叢書，其中針對淨土宗有精確的說明，也給予極高的評價，但是最後以「淨土宗真的是佛教嗎？」做結論。提到儒教的話，那就更有趣了。德川時代，日本似乎澈底受到儒教的影響。不過日本並沒有引進科舉制度，可以說儒教重要的骨架部分在某處被抽走了，肉的部分則不知不覺被溶解吸收，最後並未形成儒教的形態就消失不見了。像這種可說是某種「溶解消化酵素」的力量，至今也絲毫沒有衰退的跡象。看到最近圍繞日本共產黨的各種問題，讓人覺得這樣的酵素似乎穩定地對該黨起了「無科舉儒教化」的作用。如果從這個角度來看，難怪自民黨前幹事長橋本龍太郎讀了共產黨發表的「民主聯合政府方案」之後，說：「別讓人笑話了，這樣也算是共產黨嗎？別說是濃妝豔抹了，這根本就是整形手術吧。」（鈴木卓郎《新聞記者的日本共產黨研究》〔新聞記者の日本共產党研究〕）換個說法就是「這真的是共產黨嗎？」搞不好這句話就成為「與企鵝並列」的名言。

共產黨如果把自己的形象改變成接近某些範本（例如自民黨），黨員數就會增加，選舉時的得票數也會增加。另一方面，若遠離範本，黨員數便減少，得票數也會減少。而且，為了接近那個不明實體的「某物」，就必須改變自己的樣貌以適合該物才行，如果不整形就想接近，對方便會產生抗拒而一溜煙逃走。這個「某物」自己是不會改變的。最重要的是，其實體就如雲朵一般無法掌握，就算看起來不斷變化形狀，也無法將其改造成適合自己的型態。若說因為支持居於雲上的人，所以就說日本的實體是雲，那就完了。不過，假如他們打算進行雲的革命，除非改造自己使自己空洞化，輕巧地進入對方之內，與對方一起漂浮並融為一體，同時「來發起一場革命？」否則別無他法。此外，若想改造這樣的自己，別說是濃妝豔抹了，應該強硬執行真正的「整形手術」驅逐多數同志才行。象徵民眾的這個雲朵一旦碰觸到什麼而感覺異樣，一下子就煙消雲散地失去蹤影，因此，必須把自己「整形」與對方接觸，而不是利用教條宣傳改變對方的想法，否則「客戶」就會消逝無蹤，這樣與民眾的紅色交易也就不會成立了。就算交易沒有成功也沒關係。就算自己逞強做好殉教的心理準備，殉教也仍是有敵人存在，但是因為那樣的敵人是無形的，最終一人的獨角戲只會自取滅亡。

因此，雖然採取整形美容的做法，但由於手術是非常簡單就可完成，所以沒有破壞活體的危險，手術只有些許的「出血」即可結束，從後續的恢復與發展太快這點來看，其實這才是真實的面目。以往勉強套上不好呼吸的「共產主義」進口布偶，不斷演出「怪獸」的角色，以致呼吸困難而消耗體力陷入瀕死狀態。不過，把套在身上的大部分裝扮卸下，大大地鬆一口氣且恢復元氣，改穿日式棉袍或許會輕鬆些——宛如二戰後不久的日本一般。如果這麼解釋，表示遭除名的就是布偶本身。若是布偶，除非有人進入其中，並承擔起「日常性＝一般性」，否則就無法行動，所以遭除名者基本上是不可能另外建「黨」，只能以「被丟棄」的形態存在。只是，「被丟棄者」本身就是布偶，所以若要說他們「純真」也是可以的。不過這也可以證明從宮本[1]體制建立之前開始，運作共產黨內部的日常性就跟現在的狀態相同。然後奇妙的腐蝕作用就先從內部展開，並使本體變質。也就是說，正因為是在內部，所以只能在每天的運作中不斷被潑「水」。

若是如此，改穿日式棉袍對於一般黨員而言也是非常好的，應該不會有反對意見。只是，沒有了布偶，腐蝕、變質與融化不只在內部進行，也從外部進行，隨著進行的速度加快；而且越來越快，黨員、支持者、得票率也不斷增加；因為增加，融化又加速進行；融化加速進行，黨員、支持者、得票率又跟著增多。透過如此不斷重複的循環，終於在日本煙消雲散，雲朵也被染紅，最後就能夠達成日本的共產化也說不定——只是，這只是「沒有科舉」的「名稱」而已，如果是這樣，後代的專業學者就會定義日本共產黨裡沒有共產主義吧，「企鵝」也會保守地說「這真的是共產主義嗎？」或許日本在世界地圖上會被歸於共產主義圈內，如果他們認為這樣即已足夠，那麼他們確實已經達到目的了。

或許有人會問日本不是有「天皇制」嗎？請不用擔心。前述的佛教學者們在研究日本佛教時，忽略了一個非常重要的關鍵，那就是「天皇是否為佛教徒」的問題。這是一個無論過去或現在，歷史學家都沒有碰觸的問題。因為如果天皇以某寺的施主身分向佛壇行禮撞鐘，那就不再是「現人神」了，這樣皇國史觀就不會成立。同時，對於站在否定皇國史觀立場的戰後史觀而言，否定的對象發生質變也會對他們造成些許麻煩，因此他們也不碰觸這點。這時就出現了一個奇妙的現象，那就是在這個「佛教國家」中，假如有人被問到宮內是否有設置佛壇而能立刻回答，那麼此人一定是個例外者。大致上來說，從左右兩翼到女性週刊等，真正的日本「歷史」中有關天皇的記錄很多，但如果對比人民同時並用神壇、佛壇的情況，就會看到非常有趣的現象，因

1〔譯註〕宮本顯治，領導日本共產黨長達四十年。

為對於極為平凡的日常性，天皇的狀況反而複雜而變得難以搞懂了。

簡單來說，直到明治四年（一八七一），宮中的御佛堂內都還有佛壇以及歷代天皇的牌位。那時的法事當然是採取佛教儀式，然而維新的「革命」浪潮也毫不客氣地波及皇室，持續千年的佛教儀式全都遭到終止。皇室的菩提寺[2]本來是京都的泉湧寺，但是明治六年，宮中的佛像等全都移到該寺，自此皇室便與泉湧寺脫離關係。皇族中本來也有虔誠的佛教徒，但是連其葬禮都被禁止以佛教儀式進行。可以說，連天皇自己的思想信仰自由都被剝奪，明治體制被強迫改變成單一形態。不用說，千年以來的傳統被自己親手（形式，當然實際上不是皇室的意志）斬斷，以自己的意識進行自我改革，透過這樣的方式順應革命而得以存續。所以說這種做法並非從戰後《人間宣言》開始的。從斷絕佛教到《人間宣言》公布僅約七十年，其後又過了約三十年，這種難與千年傳統相比的短期「傳統」，非常簡單就實現了「自我改革與廢除」。這不單單只是「皇室」的問題，可以說全日本人都以這樣的形式，從外在進行自我改革，藉此自我暗示「自己已經改變了，從現在起我就是民主主義者了」，並且堅信不移。而且，這只是一種象徵性的表現，也就是透過這樣的相信來避免改變的傳統做法。「共產化」也會成為那樣的形式。

因此，當這樣的時期再度來到，就有了新的理論提出，作為全日本人「象徵」的皇室，世世代代都是社會主義者，也進行自我改革這種無名的改革，難怪與之矛盾的事實就跟「佛壇」一樣都被消除殆盡。另，關於證明這種新理論的史料也有很多，「改革」也跟明治四年的一樣，不會有問題吧。那時是否有什麼樣的說明呢？以下我試著以日本共產黨報《赤旗報》的風格，僅以一、二個例子來說明。

「日本人從以前就是社會主義了，科學社會主義從西歐進入日本之前，這樣的說法就只是聽過而已，到了明治十二年（一八七九）《東京曙新聞》[3]標題〈此時社會主義進展順利〉的評論也清楚指出這點。『我日本帝國國民心中擁有「社會主義」概念已久，而且，使該主義精神強大活躍並為我等之社會帶來卓越功勞的，都是偉大人物。確實從維新開始，成就我明治維新之一大鴻業的智勇英明之士，沒有不來自社會黨的』。從這段文字內容就可明白，社會主義黨在明治維新前即已存在，主導維新革命的其實就是社會主義政黨。此外，是帝國主義者的史學家改寫了這個事實。難怪該論述接著

2〔譯註〕負責某家族皈依、埋葬遺骨的寺，即稱為該家族的菩提寺。
3〔譯註〕明治前期自由民權派發行的新聞雜誌。

就指出『以一項事業來說，維新與社會主義高度相符』。不用說，這指的是明治維新的核心，也就是天皇，正是社會主義的核心。因此『……簡單說，維新之鴻業，亦即實現慶應革命之國家政策，就是澈底實踐社會黨的宗旨與方法；從事此一大革命，符合五條誓言的日本國民，簡單說就是將社會黨的主義及其主張發展到最好的人』。也就是呼籲大家集結到社會主義者天皇的腳下。而無視這個事實，宣稱天皇制與共產主義勢不兩立，隱瞞真正的事實並改竄歷史的，是保守反動的反共者。日本社會主義傳統的嫡傳繼承人就是共產黨，證據就是創立於明治十五年（一八八二），日本第一個社會主義政黨——東洋社會黨的黨綱，揭示如下：（一）本黨以道德為言行標準。（二）本黨主張平等主義。（三）本黨以社會公眾的最大福祉為目的。上述三條黨綱中，（一）與批判色情、推崇純潔並譴責社會腐敗的想法相同；（二）（三）與黨的政策完全相同，亦即推倒以大企業為主的政府，建立以人民為主的政府，根除使民眾受苦的汙染，『以社會公眾的最大福祉為目的』，建立福利健全的社會。另外，東洋社會黨黨綱的第二章〈方法〉中，始終排除暴力革命的方式，革命手段僅限於遊說、演講、發行雜誌等。這樣看來，共產黨的以天皇為中心、和平革命路線，正是日本人民從明治時代以來，不，甚至是更早之前就嚮往的。」

「原來如此，原來如此」，那時如果聽到這樣的說明，相信大家也都會深表同感吧。跟三十年前相比，走到今日也是一樣的狀況。

因此，這種程度的論調只是開始而已，如果想要繼續用這樣的論調寫出更多調侃文章，材料可說是取之不盡用之不竭。如果巧妙重新建構文章內容，連大化革新[4]都能說是共產主義的革命先驅。可以說，既然能夠證明皇室從一開始就是「現人神」，那麼也就不難證明革命是由天皇發起進行的運動。無論在明治時代或二次大戰後，都有人進行這樣的作業，所以在這領域裡有許多老手。而且一旦發生這種情況，無論舉出什麼樣的反證，只要說這個反證是「反共、右翼」就行，從目前的狀態就證明了這點。即使是現在，如各位所看到的，要是共產黨取得政權的話更將如此，前述的御用學者要多少就有多少，那些志願者為了搶先證明自己的「忠誠」，會蜂擁而至造成交通阻塞吧。首先，報章雜誌會被那樣的空氣控制，除了例外者，全部的人都是「支持者」，所以例外者的反對意見打從一開始就不用在意。然而，這就是溶解、煙消雲散，把「天皇制」上色並消失的過程，同時，如後面將提到的，也是空氣與水的相互作用。

4〔譯註〕西元六四六年孝德天皇頒布《改新之詔》，進行政治、制度上的改革。

如前所述，這樣的過程似乎從很久以前就以內部腐蝕的形式開始進行，其中的一部分現在已浮上表面。為什麼會變成這樣？是什麼使其變成這樣的？

若要解答這個疑問，接下來我想探討一下使其變成這樣的要素，亦即「完全模糊且內容不清楚的對象」。

二

討論「內容不清楚的對象」是很困難的，必須先取個假名才行。「潑水」因為不是持續性行為，所以不好用，內村鑑三命名的「雨」（也許是「如梅雨般綿密而下不停的雨」）會被誤解為自然現象。但是，這個現象與其看成人類以外的自然現象，最好還是視為「我們體內產生的自然現象」，所以暫且簡略「消化酵素」的說法，就稱為「酵素」作用好了。

此酵素作用暫且定義為「日式、無意識的一般性作用」，也可以簡稱為「一般性作用」。另外，此作用的標準可以想像成無意識進行的普通行為，比喻來說，就像是消化作用一樣。也就是我們通常都會有意識地吃三餐，這也確實是一般性，不過很難說是無意識的一般性，因為我們並不是完完全全無意識地吃飯。另一方面，消化不是靠自己的意識進行的，並不是我們意識到「既然我吃下肚了，就必須消化」並努力使消化進行，在無意識的狀態下，就算是在睡覺，消化也會以日常性的程序進行，同時我們也無法靠自己的意識停止消化作用。簡單來說，「吃」或說「攝取」是種有意識的現象，但是消化則是一種「體內的自然現象」。原則上，吃進嘴裡的東西避免不掉消化的過程，無法消化的食物也會以另一個自然現象，嘔吐排放出來。同樣地，以個人來看的話，進入我們社會的對象是進入腦中而非胃部，這樣的對象在每個人的腦中被消化，以整體社會而言，看起來就是該對象產生轉化的狀態（若以這個面來看就是「雨」），這個消化過程亦即所謂「根據一般性而消化吸收的轉化」現象，這就是我所說的一般性。本書的研究重點就是解釋這個一般性作用是以什麼樣的規則進行、針對什麼東西進行，又是如何作用以吸收對象。

不消說，我們的日常生活是建立在可說是接近無意識的條件反射之零碎判斷上，而且人們根據這樣的判斷，透過「一般性作用」的相互作用，使社會持續運作。為了讓社會順利運作，每個個人的時間一般性（可說是日常性），與此社會中的空間一般性（可說是常識）所依循的規則，就必須具備相同標準。在這點來說，自民黨員與共產黨員的看法是一致的。如果做出所謂「鞠躬」的奇妙動作，對方也會採取幾乎相同的動作，這樣的作用就是一般性作用；鞠躬之後，冷不防地從購物袋中拿出刀子刺向對方、畫向對方的臉，這種動作就是具有異常性，但不具有時間一般性的相互作用。另外，如果交通號誌變紅燈，無論是田中前首相的車或是宮本委員長的車，都會反射性地停下來吧，這就是空間一般性，如果宣稱「我是共產黨員，所以看到『紅燈』就要前進，我不承認布爾喬亞[5]政府的交通法規」而用力踩油門強行通過，這就是異常性。

無論是哪個時代的哪個社會，當然都會排除前述的異常性。而且，人們擁有的一般性基礎就是其腦中的記憶裝置，別無其他。假如此基礎遭到破壞，失去從幼兒時期就累積的一切記憶，甚至文字、語言等，就無法依據社會人的認知生存下去，因為一般性的相互作用不成立，也無法構成健全的社會了。只要把這種情況想像成全人類因為某種緣故接收到某個訊息，所有人都同時失去記憶就可以了。一切的活動都瞬間停止，從石器時代以來的累積全部消失，人類也會因此滅亡吧。面對這樣的狀態，出於本能的恐懼是絕對的，就算不至於所有人都失去記憶，但是只要想到向來遵循的一般性標準瞬間瓦解，依循該一般性生活的人恐怕全都將陷入無神狀態。二次大戰結束之後，日本也稍微看得到類似的現象。不過，人們馬上就察覺到自己的一般性絲毫不受影響，消逝的是看起來擁有強大力量的「空氣」控制，也就是所謂的「虛構的異常性」，明白這點之後就覺得放心。此外，表現出那種異常性的人們其實也很快地察覺，因為穿著「怪獸布偶裝」而將要窒息，內心希望能設法脫下來鬆一口氣。

其實，最高戰爭指導會議中的高層或青年將官也都處於相同狀態，前者一心期待著有人快點開口說「我們投降吧」。可以說一方期待梅津美治郎參謀總長說出「這是陸軍起頭的，所以應該由陸軍說出口才對。要今天說嗎？還是下次會議再說？」而梅津本人則期待著「軍人始終無法說出投降二字，沒有人幫我起頭實在很困擾。外務大臣不開口嗎？今天說嗎？還是明天說？」雙方一直處於互相期待的狀態。另一方面，對於威風凜凜的後者，小松真一[6]的《虜人日記》中出現了一個有趣的例子，那就是某參謀聽到日本無條件投降的那一瞬間，脫口說出擔心自己在東京出租的房子不知會不會受到波及。如果卸下「布偶裝」，他的一般性所關心的，就只是房客繳交的租金以及靠撫恤金過安穩的生活而已。

宮本委員長為什麼手握共產黨的主導權？其規則非常簡單，就是黨員的「一般

5〔譯註〕bourgeoisie（法語），資產階級。某些西方經濟學思想學派，尤其是馬克思主義為資本主義社會劃分的階級中，富有的階級之一。

6〔譯註〕日本實業家。二次大戰日本戰敗時在菲律賓被俘，《虜人日記》記錄了戰爭期間的體驗與生活。

性」，以及以此為基礎的該社會內部一般性，二者相互作用之後，自然發生的秩序認證。簡單說，就是可以脫掉「布偶裝」，也可以說出租金與撫卹金是自己最關心的事，並且能夠基於這樣的一般性建立秩序的某種認證。雖然這或許是全體共產黨員內心的想望，但是在「終戰」的和平路線到來之前，任誰都無法說出口吧。這也是「空氣控制」。因此，身為維持黨內一般性的「象徵」的宮本委員長一直處於天皇位置也是合理的。把這樣的狀態視為墮落並攻擊當然簡單，不過若與穿著布偶裝、依靠著內部一般性生存的人以及那樣的狀態相比，要問我哪種人比較墮落，我倒是認為是前者。

目前社會上較多討論的，更甚於視為問題的，就是把現在視為「真心」，把過去的狀態視為「布偶」，或是反過來看。可以說，現在的狀態——簡單說，就是《新聞週刊》（*Newsweek*）刊登不破哲三[7]書記長所說的「『絕對支持資本主義體制』是真心話嗎？還是欺『敵』的偽裝？」的問題。如果是後者，那就像鈴木卓郎記者採訪共產黨三十年，完成〈山科的大石良雄[8]故事〉一樣，也如許多「反共人士」形容的，共產黨是「披著羊皮的狼」。如果是前者，那就是「明明本來就是膽小又窩囊的羊，不，倒不如說因為如此，所以才會一直勉強地披上狼的布偶裝逞強」。

若要說對於共產黨而言，哪種看法是光榮的？我想應該是「山科的大石良雄」的評論，所以我認為抱持這種觀點的人還有某些期待，從這點來看，我寧可說他們是「親共人士」。而且我認為雖然共產黨本身表面上否定這樣的觀點並澈底反駁，但是在內心深層的某處還是希望外界對他們抱持著這樣的觀感吧。這與退役軍人的反應很類似，他們表現出期待熱情軍國主義者的樣子，以及在二戰結束不久後，故意談論軍國主義。可以說，他們想在某處展現自己「目前在避人耳目的狀態」。

共產黨實際在日本活動至今不過三十年，這短短的過程顯示了傳入日本的思想（無論是佛教或儒教）是以何種形式被天皇制消化吸收，最後連實際形體也消失不見，可以說是最佳的實驗材料。當然，也可以預想「羊皮」會被脫下或汽油彈[9]會被丟出，如果以前述的深層心理來看，也不保證這些事不會發生——不，倒不如說這樣的「空氣」會被醞釀出來，接受空氣控制並熄滅，就如同燭火一樣，我認為預測這種情況再度發生比較具有說服力。不過，要是這麼做，因為否定了「一般性」，因此在一般性

7〔譯註〕日本政治家、日本共產黨黨員。本名上田建二郎，不破哲三為其筆名。

8〔譯註〕曾隱居京都山科的大石良雄率領四十六名藩士攻擊吉良義央，為主君淺野長矩報仇。

9〔譯註〕日本共產黨曾經透過全國性學生組織「全學聯」，號召全國大學生與青年勞工參加武裝鬥爭，他們收集武器並製作汽油彈，攻擊派出所、法庭等國家權力機關。

認證之下培育的黨員將會大量脫黨吧。另一方面，如果相反地在黨內擴大一般性的保障框架，並試圖推廣至全日本，則必須澈底消除人們現在還抱持的「異常性期待」（可說是「羊皮」觀點）並完全埋沒在一般性之中，這就表示共產黨必須反過來主動改造「共產黨體質」。可以說，共產黨必須根據日本的一般性回頭改造自己，而非根據共產主義改革日本。當然，如果保持目前的狀態與日本的「一般性」互相作用，自然就可成功，所以沒必要有意識地自我改革，只要隨著時間經過，試圖壯大即可。這樣的做法自然會帶來自我改革，也是最輕鬆的方式。而且，假如發展到極致，就會變化成名為共產黨、而內容可說是「自民黨」的一般性政黨。在短短的二十年前，連做夢也想像不到的事，卻從共產黨最高負責人口中自然說出，所以過了二十年後的昭和七十一年[10]，誰也想像不到會發生什麼事（如果現在說出口，人們只會像橋本前幹事那樣說「別讓人笑話了……」）。

那麼，這個一般性到底是什麼呢？另外，我們說一般性，一般性，應該在哪個時間點區分呢？——因為戰國時代的一般性不見得指的就是現代的一般性。我暫且把這個時間訂在日本共產黨誕生到現代的這段時間，並深入探討。還有，這個一般性的第一個基礎要件就是「日式情境倫理及其深處的邏輯」。

三

「情境倫理」（stuation ehics）一詞在學術上有各式各樣艱澀的定義，在此我試著以最常識性，也就是日常性的說法來定義。簡單說，情境倫理就是「在那個情況下那麼做是對的，但是在這個情況下，這麼做才是對的」、「不知道當時的情況，也缺少那時的資訊，以現在（情況下）的標準來說三道四是不對的，以當時的情況來說不得不那樣做。所以應該責怪的是造成使人不得不那麼做的情況的人」等這類一連串的倫理觀點及其標準。這樣的邏輯跟「在當時的空氣下……」、「不知道那個時代的空氣……」的邏輯相同，但是說出來的內容則是相反，因為當時的實際情況就是應該應對的現實狀況。因此這不是空氣限制，而是客觀情境，或稱為客觀情境的狀態限制。所以這與「空氣」不同，是能夠以邏輯說明的狀態。

這種行為乍看像是以情境為藉口的「無原則自我辯護」，所以無論是譴責這種態度是非倫理的「逃避責任」，或是反對這樣的譴責，反駁對方是「故意不討論當時情境」

10〔編註〕昭和年號最終為昭和六十四年（一九八九），若有昭和七十一年，應會是西元一九九六年。

以幫前者辯護等，都是極為簡單的行為。從辯論「天皇的戰爭責任」，或是現在針對「共產黨私刑事件」[11]的辯論等，就可清楚看出。然而，無論是譴責的人、針對該譴責而為自己辯護的人，或是譴責為自己辯護的人等，其實都只不過是基於「相同標準」，在想法的正、反兩面兜圈子而已。情境倫理完全不會因為譴責特務警察動私刑，是基於把「私刑」的行為定義為惡，就間接譴責共產黨的私刑，相反地，大家都認為大聲譴責特務警察動私刑，就是間接為共產黨動私刑辯護。這顯示就算此倫理的標準是「因應情境的應對方式」，也沒有因為此應對而產生相同「行為」。

故而譴責或辯解雙方都一樣，如果改變文字、改變專有名詞，就成為共同的倫理標準。而且，此共通性不單單是兩者的相互性，在其他方面也都會得到完全相同的結論。無論是共產黨方對於私刑的辯解、反駁，或是相關責任者對於戰爭責任的辯解、反駁，如果對比此一奇妙的共通性，任何人都會稍稍感到驚訝吧。我認為如果按照這個邏輯，一方就會成為「大東亞戰爭肯定論」，另一方就會成為「鬥爭、私刑肯定論」，兩者最終都會走向潔淨、正確且美麗的「充滿黨、國精華的歷史」，亦即「天皇制無謬史」。

除了「行為」之外，這種思考方式還欠缺的，其實是「個人」及其責任的問題。

的確，無論是動用私刑或動用私刑而致人於死的，並不是只有共產黨。特務警察，還有軍隊、戰場、戰俘營等也都經常發生私刑事件，情況恐怕還更甚於《每日新聞》社論對於共產黨進行「空前強大且激烈」的鎮壓吧。宮本委員長回憶自己被囚禁在北海道網走監獄時，由於糧食盛產，所以二次大戰結束時自己還擁有六十公斤的糧食。對於當時快餓死的我們來說，根本就是「天堂」。覺得使用「天堂」一詞太誇張的人，是不瞭解餓死的痛苦。假如這樣叫做「空前強大且激烈」的鎮壓，那麼就可以說北從俄羅斯的西伯利亞，南到巴布亞紐幾內的亞馬努斯島，許多人在戰俘營中毫無理由地遭到比「嚴苛鎮壓」還要更慘烈的對待。而且，在這種狀態下確實就有私刑發生。因此，人無法說與情境毫無關係，但是所有被迫處於這種狀態的人們，也不必然就會「因應當時的情境」而動用私刑。這顯然是因人而異，有人就算被強烈要求「去做」也不會做，也有人毫無理由的主動動用私刑。當時的共產黨員應該是被迫處於異常狀態吧。然而，因為被迫處於異常狀態，也不是所有人都會因應當時的情境而動用私刑，日本的情境倫理總是忽略這種狀況下的「個人」。

11〔譯註〕一九三三年日本共產黨對於懷疑是內奸的人進行私刑審問的事件。

身處相同情境，也不是所有民族都會開始動私刑。關於戰爭中盟軍的戰俘死亡率，德國、義大利戰俘營是四％，日本是二十七％，光看這個數字就知道動用私刑的激烈程度。據說其中最嚴重的是泰緬邊界的桂河死亡戰俘營，但是調查此戰俘營的記錄或是菲律賓馬尼拉的聖托馬斯戰俘營的記錄，都沒有英美戰俘之間發生組織性暴力或是對同袍動用私刑的記錄。另外，蘇維埃戰俘營的德國戰俘也沒有發生仗著俄羅斯人的權威，而對自己同袍動私刑的案例。這種滯留當地而擁有最高權力的「西伯利亞天皇」情況，好像只會發生在日本人身上。

從其他角度來看這種情況，屏除例外，共產黨向來不認為情境是免責的理由。以宮本的情況來說，他們不認同當時「嚴苛的鎮壓」與「私刑」之間具有因果關係。此外，因為情境嚴苛所以會有私刑產生，這樣的邏輯也確實不會成立，會成立的僅限於確實證明為緊急避難[12]的情況吧。否則他們的倫理是完全固定的。假如定義「私刑的行為是惡」，那麼無論是特務警察、共產黨員、士官或是暴力團體等任何人動用私刑，都會是惡；另外，假如對共產黨員、戰俘、間諜等動私刑，就只針對該「行為」定義為「惡」。不過，我們平常的態度正好相反。更因為我們對此絲毫不感到疑惑，所以戰犯就會以大聲譴責「特務警察」動用私刑的行為替自己辯護。然而，我們以及現在的共產黨，或者其辯護者連做夢都沒想到，那樣的譴責會直接為自己定罪。如果遭受譴責，相信任何人都會覺得那樣的態度確實奇怪，而這種奇怪的態度所導致的悲劇卻也是真實存在的。此外，這不單單只是共產黨私刑或是戰犯表現出來的態度，也不單單只是與其有關的部分報紙媒體的態度，越南的報導與西方報導的差異也是主要的特徵之一。

只是，在我們的社會內部中，這種態度當然一看就很明顯，沒有人會覺得奇怪，我們堅信譴責特務警察的私刑，當然就是間接為共產黨的私刑辯護。為什麼會是這樣的情況呢？理由之一是因為只有「因應情境」才被視為「合理化的標準」吧。這點與「空氣」不同之處，在於「空氣」無法說出理由，只能說出「空氣」二字，也不可能證明「空氣」的邏輯合理性。

因此，邏輯合理性經常圍繞著「塑造出來的情境」轉。無論是批判或判罪的邏輯，抑或是自己或自己支持方的辯護等，與戰犯的自我辯護或此番共產黨的自我辯護之基礎，都是基於相同的邏輯開展而不停地兜圈子。只要是與這種思考方式的基礎有關的，通常很奇怪地都不會有所變化。

12〔譯註〕係指面對緊急危難，為避免自己或他人之生命、身體、自由、財產遭受侵害，而出於不得已之行為。

不用說，該基礎是以前述二者共同的默認為前提，亦即「在那樣的情境下，自己的應對方式是正確的」，所以應對的結果而自動產生的自身行為就是正確的，若說那樣的行為不正確，那麼責任就應該歸究於塑造出「自己必須做出正確應對」之嚴苛情境的人身上；應該要追究的，是那個人的責任，而不是自己。

這種思考方式的背後，其實是某種「自我無謬性」或者「無責任性」的主張，絲毫沒有意識到自己其實也參與了情境的創造。這種思考方式否定了自我意志，故也否定了為自身行為應負的責任。因此，擁有這種想法的人就算被置於相同情境，每個人所做出的應對也都會不同。但是他們絕對不會承認每個人都是基於自己的意志而做出不同的決定，並且規定人們面對特定的情境，就會做出平等且相同的反應。起因就是後面將要提到的「日式平等主義」。

若是如此，共產黨的未來完全就變成「依情境而定」。根據情境的變化，私刑也會受到肯定，整頓也會啟動。恐怕到時所有的行動都將成為「因應情境的正確應對」。就算同時取得政權，對於所有的情境塑造也完全不負責任吧，這跟軍事政權的「無責任體制」完全一樣。

同時，這裡還出現另一個問題，那就是在《治安維持法》[13]下，「考量當時的情況……」的想法。這種想法也是處理此問題的《朝日新聞》、《每日新聞》等兩大報社論的背後想法。從情境倫理的角度來看，這樣的思考方式當然合理，但其實這是一種虛構的想法。人們就算「能夠以現在的情況來推測當時情境」，也不可能「（以當時的情況）推測當時的情境」。我們不可能透過某種讀心術瞭解昭和五年時（一九三〇）每位特務刑警與共產黨的意識，就算能夠透過某些記錄瞭解其中一部分，也不可能「把他們的意識當成自己的意識」，生存在當時的相關者恐怕也不可能做到這點。

關於這點，我自己也是一樣的，就算被要求「意識回到三十年前的叢林戰，以現在的意識去瞭解當時的想法並描述之」，除非是天才，否則不可能做到。只有一個可能性，就是根據現在的意識看著當時自己的行動，從自己的行動反推，再對比現在的意識找出當時的意識。這種連自己都做不到的事，我不認為別人能辦得到。因此，「當時的情境」這種說法，是以現代為標準而建構的一種虛擬情境，人們無法重現並理解當時的情境與該情境下的意識。因此，在此虛擬標準下所做的情境倫理判斷，都只不過是反映目前情

13〔譯註〕一九二〇年代以後，日本的社會主義思潮非常活躍，日本政府開始制定新的法規以管制共產主義運動的擴張，一九二五年公布《治安維持法》以取締過度激烈的社會運動。

境倫理的當下意識，以及根據當下意識所做的判斷對過去的投影而已，同時也只是自我情境的擴散。人類能做到的只有這樣。然而，情境倫理的特徵就是無法意識到自己做不到這點，因為人類缺乏可同時衡量過去與現在的共通且永續的「固定倫理」之共同標準。

如果想要超越時間量測過去，就只能建立一個從過去到現在共同且不受情況變化影響的永恆標準，此量測的差異就是過去與現在的差異。但是，在情境倫理上，這個方法是不可能存在的。而且因為不可能存在，便只能另求永恆的無謬性。關於這點容後再述。

四

假如把上述做法視為「日式情境倫理」，為了探討這種思考方式的基礎，首先就必須討論與之相反的「固定倫理」思考方式。

所謂固定規範雖然是定義人類的標準，但其實原則上人類不得參與其中，因此是極其「非人」，也被要求必須是非人的標準。當然，標準這種東西通常是非人的，人類自己不可能主動牴觸，所以才可能成為人類能夠使用的標準，才可能平等地限制人類的行為。這就是上述思惟的基本概念，其基礎有透過古代「量測工具」的神格化，或神授將倫理規範絕對化（例如摩西的十戒），又或是公制系統，以及各種必然論等一貫的想法等。上述各種例子中，最簡單且容易理解的就是公制系統，如果把公制系統想成倫理規範，則固定規範或倫理的思考基礎概念就會變得很明確。

公制系統在今日也規範著日本社會，如果不遵循這個「法律」就會遭受處罰。根據法律制定的規範是由日本政府建立的，所以不可能修改或廢除。或許能夠以公制系統不方便的理由來廢除這個規範，但是人們無法「因應情境而改變」公制系統這個規範。確實，對於平均身高比歐洲人矮一成的日本人而言，以公制來衡量生活空間是非常不方便的。據說建築大師柯比意（Le Corbusier）曾經稱讚過日本的量測單位「間」[14]，也就是從日本的生活空間反推算出「人類的標準」，但是無論他多麼讚美這個想法，我們也不可能配合生活空間修改公制系統的標準。不用說，公制系統是以人類觸摸不到的「地球衛星」為量測標準[15]，所以只要宇宙沒有變化，這個標準就不會改變，因為這個標準不會因人類的情境而改變。還有，由於「以人類觸摸不到的宇宙規範來規定一切」，可以說

14〔譯註〕原指日式建築中兩柱之間的間隔，並非長度的測量單位，後固定為一間等於六尺。

15〔譯註〕一公尺的長度最初定義為「通過巴黎子午線上，從地球赤道到北極點的距離的千萬分之一」，一九八三年已經改為「光在真空中於二九九七九二四五八分之一秒內行進的距離」。

人類的任性或情境的改變都不可能影響此規範，故公制系統能成為公正的規範，人類的任務就僅僅是遵循此嚴格規範而已。而在這個面向上，對於人類而言的最大自由，就是思考是否要把這個「地球尺」的幾萬分之一，當作規範自己生活的標準。

這是人類所理解的「絕對」，這個想法貫徹了《舊約聖經》的「攝理」到馬克思的「必然」。無論是人類或情境都無法影響這個系統，故而是「絕對」的，如此才可能成為規範。所以，根據一個非人的超越性標準的原則，化身為人類的規範，平等地衡量人們，必須有系統地細分化。簡單來說，做法就是一公尺的十分之一是十公分，十公分的立方就成為公升這個容量標準，更進一步，該容量所裝的水之重量，就設定為一公斤的重量標準。這時，此標準對人類而言是否方便屬於次要問題，就算覺得不方便，也無法針對這個系統的標準做任何改變，只能採取細分刻度的應用來克服不便。既然不以人類為標準，演變成這樣也是合理的。這種做法無論是公制系統、邏輯或倫理，基本上都不會有異。這麼一來，細分的邏輯或倫理單位，就如古代的猶太律法，又如文字所示的繁瑣哲學的各種概念或其定義等，都變得瑣碎。依賴人類標準、情境倫理而生存的我們，一接觸到此系統的瞬間，通常都會目瞪口呆「為什麼需要這種東西？」，覺得這一切都是不符合人性的東西。

明治以後，人們以各種說法「本能地」抗拒這個做法。如果是公制系統，我們確實還能忍耐，卻無法忍受創造公制系統的精神。從下面這個問題沒有人能夠給出明確的理由，就可明顯看出這點。這個問題就是「為什麼公分、公斤與公升之間非得有所關連不可？尺、貫、升之間雖然沒有這樣的相關性，但是如果當成測量生活的標準，也就是若以『人類』為標準，尺、貫、升就很夠用了。應該沒有必要從一個『宇宙的、超越性的』標準來計算其相關性，再用這些標準來規範人類吧」。更何況如果這成為人類倫理的規範，應該沒有日本人能夠回答「為什麼需要這種測量單位」的問題。實際上，我們光是看到有如以巴別塔的混亂體系建構而成的建築物，抑或嚴謹規範生活中各種細節的猶太律法，腦中出現某種抗拒反應也是很正常的。

然而，我不認為只因為沒有見過該物，以及沒有創造出該物的傳統慣例，所以連下面這種單純的題目都無法清楚回答。舉例來說，日本在一九七〇年左右，曾經有位音樂老師對合唱課程的所有學生，一律給了「ALL 3」[16]的評分，這件事在當時成為社會討論的焦點，正是一個為何這個做法不正確的最佳論證。記得這位老師主張「這是回歸教育

16〔譯註〕ALL 3約為偏差值四〇上下，偏差值五〇大概就是平均值。

原點而考慮的結果」，當時這個「原點主義」嚴重地受到嘲笑式的批判。然而，這名老師可能是非常認真的典型、保守的日本人，肯定是一味堅守「原點」，才會造成這樣的結果，因為以人類為標準的日式平等主義，最後也只會得出這樣的結論。也就是說，作為測量標準的人類，本來就必須具備同一性，若有變動，這個標準就會變得不標準了。同時，因為否定此平等的同一性會引來前述「個別」的想法，這樣人們處於相同情境就會做出各種不同的回應，如此一來日式的情境倫理就不會成立。

不過，假如以非人對象作為標準，則「平等」這樣的概念就完全是相反的表現。舉例來說，使用公制單位測量學生的身高，就算這時要求的平等，是以「地球標準」這種非人單位平等地量測學生，清楚標示每個「個體」的優點，並不會為了防止學生被嘲笑是「長腳的」、「矮子」等「歧視」現象，而失去平等的這種人類的標準，就把量測單位一律訂為「ALL 3」，把所有學生的身高都計為一百四十公分。還有量體重，就算以地球與水這種非人單位量測，平等計入量測結果，也不會為了防止學生被歧視是「胖子」、「瘦子」而失去平等的這種人類的標準，就去操縱量測單位。又例如百米賽跑，以人類無法更動的地球標準正確量出一百公尺的長度，同樣也盡量正確測量人類無法變動的「時間」，平等地記錄結果。透過這樣的平等，公正呈現每個「個別記錄」就是平等，所以也不會因為第一名、第二名、第三名有「差別」，就操縱每位選手好使全員同時抵達終點，這樣不僅不是平等，反而是不公正。此外，問題是就算從體力轉移到智力等其他量測對象，標準越複雜，越需要精細的標準時，由於人類不能以自己本身為標準，並且變動人類這一個標準，所以也不會操縱量測工具全都給「ALL 3」的分數。

然而，我們的社會卻通常都會給所有人「ALL 3」的評分。而且，為了導出「ALL 3」的結果，「情境」就會影響測量的操作。因此，如果輕易批判前述的那位老師，該批判也會直接彈回到批判者身上。同時這顯示「以當時的情境來說……」這種虛擬的假設通常是必要的。如果以人類作為標準，人類就必須經常保持在平等的「ALL 3」狀態下，當處於平等狀態的人們當中，有一人出現異常行為，那只是顯示「情境是如此異常」的證據而已。若是如此，那樣的情境就如《每日新聞》的社論寫的那樣，「……戰前《治安維持法》否定國家整體的改革、否定私有財產制之外，還踐踏全面改革社會的言論、思想之自由，在《治安維持法》底下，世界上絕無僅有的強權且嚴苛的特務警察」就一定會產生，無論這是事實與否，反正跟其他人比較都是沒有用的。因此，就算說出處於比這還要嚴苛狀態的日本人或外國人，不會動用私刑的還是占大多數的事實，對方也會反駁「不，那是因為情境不一樣」，壓根不打算去正確對比兩者的情況。若以情境倫理的角度來看，這是合理的。雖然如此，還是必須「根據正確的歷史做出冷靜判斷」。為什麼呢？理由很簡單，就如前面提過的，寫這篇社論的人把現在的情境投射在過去的歷史上，並針對目前的情境發言，也就是根據雙重意義的日式情境倫理來發言。當然，我不是在譴責、嘲笑這件事，我只是在說明這是我們的「一般性」。

針對動用私刑的看法，無論是共產黨的邏輯、前述的戰犯邏輯、當時特務警察的邏輯（假如有發言的話），以及新聞報導的邏輯等，基本上都是相同的結構。知名評論家立花隆反駁共產黨時，也曾經提過此邏輯奇怪的部分。如果看過他的說明，就會發現怎麼樣都說不通的地方。為了釐清這點，以下我將舉出（一）固定倫理、（二）情境倫理、（三）不合邏輯等三者來說明。

（一）私刑這種「行為」是惡，因此無論是誰對任何人動用私刑，都是絕對不被允許的。人類在此規範之前都應該平等，所以特務警察的私刑不被允許，共產黨的私刑也不被允許。

（二）「空前」強大且激烈鎮壓之下必然會產生私刑的行為，所以那種「情境」下衍生出來的共產黨私刑，不應該只抽出私刑的行為並以相同規範要求之。要譴責的是創造出情境，使人不得不動用私刑的人，而不是譴責動用私刑的人。因此，這裡的探究就必須「根據正確的歷史認知做出冷靜的判斷」。

（三）位於前述（二）的情境是事實，但是在此情境下也沒有私刑。若說有私刑，那是惡意宣傳，會製造這種情境的人就是罔顧真正情況而進行負面宣傳，這正是暗自肯定當時情境的證據，因此那種人是反共、帝國主義者，也是特務警察的走狗，與創造那種情境的人同罪。

立花隆因為這個（三）的邏輯而遭譴責，但是他也指出（三）的說法有點奇怪。如果私刑原本就不存在，應該就沒有必要談論與私刑有關的「空前」強大且激烈的鎮壓情境。從情境倫理的角度來看，與「沒有的事」相應的應該是「連情境也不會有」。因此，以「激烈鎮壓」為前提的發言應該都是基於「以前確有私刑，不過……」這種「前提的前提」而存在。然而，這個用法也被捨棄了。而且（三）的態度乍看奇怪，其實這也是戰前、戰後日本大眾傳播媒體一貫的態度，完全不是日本共產黨第一次表現出來的特有態度。

舉例來說，因為有戰爭中「戰場上的嚴苛」情境的說明，要是你因而認為醜聞就是在這樣的「情境」下發生的，那你就錯了。在恩威並施的皇軍中，應該不會有這種事發生，因此，說出這種事就是反宣傳的利敵行為。戰後把蘇維埃打造成理想國的史達林執政期間，說他們處於資本主義國家包圍之下的「嚴苛情境」當中，若言在那樣的「情境」底下就應該允許把人冠上間諜罪名進行肅清，或是打造「戰俘營群島」等，其實不然，因為肅清或「戰俘營群島」等根本不可能存在於社會主義國家，所以這就是反共、帝國主義者散播的負面宣傳。

那麼，到底為什麼必需以「嚴苛的情境」為前提，甚至可以說用誇大的表現一再強調呢？如果「什麼都沒有」、「本來什麼都沒有」，那麼「本來什麼都沒有」的「前提」打從一開始就一定是「本來什麼都沒有」吧，因為前提始終是「一個狀態出現的先決條件」。然而，當立花隆一提到這個奇怪的矛盾，瞬間就招來四面八方的責罵。芥川獎作家日野啟三的《越南報導》（ベトナム報道）其實也是同樣的模式，相信大家都還記憶猶新，所以此時也沒有必要指責《越南報導》的細部邏輯了，只要把腦中的記憶套用在前述（三）的模式就可以了。還有，看到昭和元年（一九二六）一連串共產黨動用私刑的報導，果真也是相同模式，只是政府、共產黨的位置剛好顛倒而已。

上述的這些內容，在在都顯示共產黨對於今日的事件，與日本政府或傳播媒體對於過去及現在這類事件的處理方式，完全採取相同的模式。對於內外各式各樣事件的看法，超越了政治立場與時代而呈現出相同的模式，這顯示其背後有著相同類型的思考過程。而且，有可能這就是日本社會中「一般性」判斷的根本邏輯。

五

那麼，到底為什麼他們會提出上述那種不可能合乎邏輯的（三）主張呢？不用說，因為在其背後存在著「ALL 3」的情境倫理。

在非人標準方面，就如公制系統這種絕對不可能更變的規範，只要利用規範平等地約束每個人即可。這種情況所發生的不公正，就表示人類扭曲規範行事。然而，如果澈底執行規範，只把行為當成規範對象的話，那麼就完全失去情境倫理的考量。簡單來說，在即將餓死之前偷一片麵包，以及飽食之餘偷一片麵包，因為「竊盜」就視為單純的「竊盜」行為，所以都會遭到處罰。西歐的傳統是一貫且嚴峻的固定倫理，因此十九世紀以後，會興起對固定倫理的激烈批判也就不足為奇了。

然而，日本原本就沒有公制系統規範的概念，也沒有對人類的規範必須立基於非人基礎才公平的概念，完全是根據其他規範而生存至今，可以說日本原本的思惟完全是情境倫理式的思惟。如果在西歐對於那種社會、那種傳統進行「革命性批判」而產生的情境倫理，進入了沒有那種傳統的獨立權威社會，會變成什麼樣的狀態呢？這種做法產生的結果乍看似乎已經西歐化，其實是不是更進一步澈底日本化了呢？不，確實應該會如此才對。很難得的基督教倫理專門研究學者中，有人意識到這個問題。不久前，國際基督教大學古屋安雄教授告訴我，十多年前美國神學家約瑟夫．傅禮初（Joseph Fletcher）提出「情境倫理」並來日本演講，有人對他說「你的主張在日本反而會造成傷害，快點滾回去」。然而，說這話的人是例外者，「適合自己的新論述」一般就是接受外在權威認證自己的生存方式，並達到自我的澈底改變。這樣的過程總是反覆進行，所以日本一次又一次澈底日本化，也就是說隨著西歐化的進行，與西歐的關係斷絕得更澈底，最終就演變成實質上的「鎖國」了。還有，日本共產黨也不例外，在這個澈底化的過程中扮演了重要的角色。

為什麼會變成這樣呢？不，為什麼可以這樣說呢？——在此，我們試著再度回到「原點」。如果要把人類當成測量的標準，那麼所有人都必須以「ALL 3」的平均值來表示，這樣才能成為量測的工具。這是很合理的。此外，假如量測的標準是人，使用的測量工具就必須與之對應才行。這麼一來，若要測量出身高「全都是一百四十公分」，就要用伸縮自如的橡膠來製造量尺，用量尺來配合身高才行。這樣所有人的身高才會一致，一切毫無「差別」。

不，就算這麼說，由於人類的社會生活很複雜，所以如果認為進入社會後，怎麼可能使用橡膠製的量尺來量測身高呢？那你就錯了，因為相當於這個伸縮自如量尺的倫理尺度，就是所謂的「情境」。人類各自擁有的人性基本上就是「ALL 3」，都是一樣平等。之所以會看起來各有不同，是因為對應的情境不一樣，如此而已。因此，私刑乍看是「異常」狀況，那是因為忽略其對應的當下情況，所以我們只會看到不同之處而已。雖然乍看是合理的說明，但是這麼一來，為了呈現人類的同一性，對於某人的異常狀態，就必須不斷拉長橡膠量尺來因應不同的情況。這也顯示人們面對某種情境會做出令人驚訝的誇大表現。與其說這樣的例子多不勝數，倒不如說這樣的例子多到讓人困惑。而且，其特徵與拉長的橡膠量尺相同，通常因為無法累積具體案例詳細塞滿量尺上的「格子」，所以就形成冗長而空泛的誇張表現，如果鬆開伸展的雙手（也就是排除誇大的表現），量尺就會瞬間縮短長度。

其實這種日式情境倫理不可能這樣就成為生活遵循的規範。再怎麼強調是規範，如果沒有固定倫理作為支點，就不會成為規範，所以情境倫理的某種極限概念，就是以固定倫理這類的形式作為支點。

那麼，我們應該去哪裡尋找作為極限支點的固定倫理呢？那只有在綜合所有情境倫理的中心點上，追求超越情境的個人、集團或是其象徵才找得到吧。西歐尋求在情境倫理中修正固定倫理，這樣的做法剛好是反向進行，他們只能找出綜合的情境倫理作為支點，把這個支點當成固定倫理的標準，將其視為權威並遵循之，使成為一個規範。

這就是前述（三）的邏輯。如同立花隆指出的，這裡存在著矛盾現象。然而，當人們尋求絕對標準時，由於量測的對象就是「聖」，也是「超越一切」，這樣對絕對標準的定義當然就會產生矛盾。因此，可以說矛盾本身正是其為「支點」的證據。不用說，此邏輯是「一般人都是平等，都是ALL 3」。如果一般人處於這個世上絕無僅有的「激烈鎮壓」之下，面對如此異常情境，會做出私刑這種異常行為也不足為奇。所以捨棄情境，只討論私刑行為的，就是肯定特務警察與戰前黑暗政治的反共主義者。就算有私刑，也並非不可想像的情境，「ALL 3」的人們面對那樣的情境，當然就會做出那樣的反應吧。這樣的看法雖然合理，但是共產黨內部沒有動用私刑，這意味著共產黨是無謬的超越者。其實這與證明「奇蹟」的邏輯是相同結構。

在日本（外國另論）讚美史達林的邏輯、將日軍「神兵化」、《越南報導》、歌頌毛澤東等，通常都是一樣的模式，透過這種邏輯達到「神格化」。此外，指出此邏輯矛盾的人，或是指出情境這種量測工具虛構性的人，總會被冠上某種「瀆聖罪＝不敬罪」而遭譴責。也難怪會遭到譴責，只要不把此絕對支點固定在某處，也就是說沒有透過人類量尺的極限概念，將橡膠量尺的一端固定在某處，便無法設定「ALL 3」評分的「3」這個數字，因此就無法證明平等，情境倫理也就不成立了。

這樣的思考方式正是日本最傳統的，如果沿用傳統的說法就是「一君萬民」，此想法的基本概念就是平等主義。這種說法若換成現代的語言，「萬民」就是「ALL 3民」，「一君」就是與「ALL 3民」對比並量測每人平等的「人類極限概念」，也就是類似橡膠量尺固定點的概念，有作為支點的固定點以伸縮橡膠量尺，「ALL 3民」的平等才會獲得保證。以日式平等來說，除非有一個固定點讓人民能夠各自對比自己的平等，否則就無法擁有平等的概念。「ALL 3」與給分老師的關係就是最單純的關係，也就是「一老師，ALL 3學生」的關係。像這樣的情況，老師就是「一君」且絕對凌駕於學生之上。因為老師是「絕對」、是「天皇」，除此之外也沒有其他可支撐量測的「原點」了。

情境倫理這種日常性，無論願意與否都會往那樣的方向前進，抵達之後就會穩定下來。「一位絕對者，其他都是平等」的原則，恐怕共產黨也是「一委員長，ALL 3共產黨員」。因此，對於共產黨而言，如前面提過的那些話都是「不敬罪」。

然而，就算這種日常性的聚集核心位於日本傳統的延長線上，也與馬克思主義創始人卡爾・馬克思無關。而且，情境倫理若想維持著可說出「以當時的情境……」的虛構一貫性的話，此極限的無謬性與永恆性就必須獲得保證。

六

如果缺少可以設定情境的特定基礎，情境倫理就不會成立。一君萬民的原則，簡單說就是一老師、ALL 3學生，一位委員長、ALL 3共產黨員，一位會長、ALL 3會員，一個固定的團體必須創造特定的情境，此團體才會成立。從這點來說，所謂情境倫理是團體倫理而非個人倫理，基本上這種觀念與自由主義或個別主義（particularism）都不相容。從這樣的意涵來說，這是一種「滅私平等」的倫理，如實呈現了「ALL 3」的評分法。

基本上這種想法在戰前或戰後都沒有改變，改變的只有「呈現方式」，可以說必須以「評分者的絕對性，以及由此人任意創造的情境」為前提。簡單說，就是必須承認一君為神，以「現人神」、「現老師神」的存在為前提，這個呈現方式才會成立，現在大家只是以其他各式各樣的表現方式加以隱藏而已。能夠創造出情境的人，確實不屬於人類的範圍，因此當ALL 3老師說「如果回歸教育原點來思考，只能這麼做」，從「日本教的教育……」意義來看，正是如此沒錯。

然而，我們卻不得不陷入極為複雜的相互關係。為了排除「空氣」，潑上現實這樣的「水」。因此這個現實的「水」以其一般性持續作用，同時不知不覺地以前述的「一絕對者，ALL 3」的狀態出現。如果剛好被「雨」淋到，一切物體就會因腐蝕作用而瓦解、變得平坦。唯一留下來的，是「絕對者＝創造情境倫理的起點」，也是固定橡膠量尺的固定「原點」，最後只有這個固定點的「意志」被視為絕對，而其他都是平等的，所以到了最後，意志決定就只在這個固定點上。說來固定點無需直接下令，只要創造情境即已足夠。因此，平等者只能在例外的情況，才會要求固定點的直接判斷。平等者便只能因應固定點所創造的情境，以臨在感去理解，別無他法，可以說就只有「體察聖意」這個方法了。然而，一旦以這樣的方式去理解，就產生了「空氣」，結果創造出「空氣」的，歸根究柢就是「水＝一般性」，我們無法擺脫這個空氣與水的相互詛咒，所以固定規範也就無法進入這個詛咒之中。

那麼，這個日本的「一般性」，也就是情境倫理是基於什麼樣的思考方式，達到何種的外形改變，同時又以何種形式規範現在呢？我想探討可能的起源，並對比戰前與戰後的不同。作為基本概念，得先讓讀者看看下面這個故事。

葉公語孔子曰：「吾黨有直躬者：其父攘羊而子證之。」孔子曰：「吾黨之直者異於是：父為子隱，子為父隱，直在其中矣。」[17]——《論語》子路第十三

這是指個人信義，渡部昇一也曾經提過。不過在此我想以《舊約聖經》的這段話來做個對比。

這是耶和華說的。「當那些日子，人不再說：『父親吃了酸葡萄，兒子的牙酸倒了。』但各人必因自己的罪死亡；凡吃酸葡萄的（都一樣），自己的牙必酸倒。」——〈耶利米書〉第三十一章二十八—三十節

也有人說耶利米的這段名言是「人類最初的『個人主義』宣言」。耶利米是活躍於西元前六百年左右的人，年代比孔子還早約二百年。兩位古人的影響既久遠又普遍，規範著人們基本的思考方法。因為對耶穌影響最大的先知之一就是耶利米，其思想影響了整部《聖經》。同樣地，從孔子與其弟子直接、間接影響的絕對性，被德川時期的日本人稱為「聖人」，以及其教誨被視為「聖人的教誨」等方面來看，孔子的地位也不會有

爭議。此外，從這麼久遠的傳統約束了各民族潛意識的這點來看，無論是他們或我們都一樣。如果在僅僅的三十年當中，不可能以孔子↓日本儒教的傳統規範約束歐洲人，同樣地，在短短的三十年當中，應該也不可能用耶利米↓耶穌的規範約束日本人。

而且，一旦出現具有國際共通點的事件，這樣的差別就會明顯地突顯出來。認為「因為父親吃了酸葡萄，所以兒子的牙齒酸」是違反傳統上神的戒令，而在行為上有所節制的人，無法以「因為父親吃了黑色花生[18]，所以兒子的牙齒染黑」的思考方式，做出反射性的動作，因此，他們無法想像排斥丸紅員工孩子的情況，更無法想像當社會上有人批評這種排斥行為，也有人甚至投書報紙辯護「透過這樣的方式瞭解社會學也是有意義的」。他們認為每個人「必因自己的罪死亡」，雖說是親子，所作所為也毫不相干。

更不用說，在他們的認知之下，怎麼可能發生丸紅的一名員工，在同為作業員的同事耳邊貼著擴音器大聲喊叫，使得同事因耳膜疼痛而必須求醫。若是如此，勞工自己就

17〔譯註〕葉公對孔子說：「我家鄉有正直的人，父親偷羊，兒子去告發他。」孔子說：「我家鄉正直的人跟你說的不同：父為子隱瞞，子為父隱瞞，正直就在其中。」

18〔譯註〕一九七六年美國洛克希德公司為了取得訂單，賄賂日本政要以疏通丸紅、全日空等航空公司購買該公司的客機。單據上以一粒花生的圖案代表一百萬日圓。

不信任資本家與勞工間的關係，「現在就仍然可以說董事吃了黑色花生、員工的耳膜破裂」。從個人主義倫理這點來看，日本人那樣的做法，更進一步、更進一步地擴大解釋二千六百年前《聖經》否定的「罪誅九族」，把一間公司視為一個家族來懲罰，成為原始未開化的人類——不過對於做這種事的人而言，這才是「進步」吧。另外，每每發生什麼事件，連事件當事人的家長相片都會連帶刊登在報紙上，還有，有人會投稿給報紙要求家長「向國民下跪道歉！」，或是發生父母自殺謝罪的情況，這就等於「孩子吃了酸葡萄，父母的牙齒酸」，並非「再也不能說如果孩子躲進淺間山莊，家長就要自殺」[19]的社會。我們的社會從生死與共、「罪誅九族」，更進一步擴大成為得負連帶責任的社會，可以說是團體倫理的社會，這就是日式情境倫理的基礎。共產黨走在最前端，所以只要這個基礎還在，改革就不可能發生。

如果從日式儒教倫理的角度來談論前面的狀況，那就是「本公司正直的人與耶利米不同，就算社長吃了黑色花生，董事也要為社長隱瞞，董事若吃了黑色花生，社長也要為董事隱瞞。正直就在其中」，這就是正義、真實。因此，就算是以證人的身分被傳喚，也都會說「不知道」、「不瞭解」、「我不記得了」，這是因為即使這不是事實，其中也存在著真實，能做到這點的人是「真實的人」，不分左右、無論好壞，我們的社會就是因此而成立的，不僅在德川時代，一直到三十年前，這都是公開的規範。這個規範，當然就是連帶責任。因此，無論是丸紅公司的董事規範，看起來像是譴責這件事的工會成員的擴音器，或是對員工孩子的排擠等等，其實都是來自於隱藏在我們內心的日式儒教規範。要是仔細思考，認為其實這才是合理的，倒不如說不這麼做的人才是例外。至少，數百年之間培養出來的傳統規範不可能在三十年內就完全改變，若真的完全改變，日本的社會就會瓦解，所以就算譴責醜聞，也沒有人能夠脫離那樣的規範。而且，該譴責其實也是基於那樣的規範而做的。

因此，就算「擴音器、工會成員」與丸紅董事遵循完全相同的規範，這個社會也不會覺得奇怪。就算質問誰做出這種事，因為「父親為兒子隱瞞，兒子為父親隱瞞」，所有人都會說「不知道」、「不瞭解」、「我不記得了」，所以通常是絕對找不到當事人。此外，假如基於「並不是父親把擴音器放在兒子面前，兒子就會開口」的原則，兒子，亦即下層組織的人說出事實的話，因為缺乏「真實、正義」，所以可說是不道德的說謊，一定

19〔譯註〕一九七二年五名聯合赤軍成員綁架淺間山莊管理員之妻作為人質長達十天，其間警方讓數名聯合赤軍成員的父母前往現場勸說，最後仍然勸說無效。

會遭受被驅逐的懲罰，這樣的例子不勝枚舉。

就像這樣，只要是關於這點，無論是右派或左派、資本家或勞工等，大家都一樣，共產黨當然也不例外，所以針對共產黨動用私刑事件，大家採取「父親為兒子隱瞞，兒子為父親隱瞞，正直就在其中」的態度也是合理的。正因為是合理的，所以「父親為兒子否定『偷竊』，兒子為父親否定『偷竊』，正直就在其中」。首先，無論是丸紅、共產黨或是報社，沒有這樣的原則，秩序就不會成立。如果這時採取耶利米那樣的態度，那就是非「正直」的人，當然就是騙子、壞人。而且在這點上，共產黨是最正確地維持傳統倫理，非常了不起的保守黨，從各方面來看都是如此。

當京都發生所謂「紅色花生事件」醜聞時，共產黨的態度正是如此，他們發表聲明指出「……唯一依據的今井社長發言，只不過是聊天的內容，根本無法信賴。這位社長的言行舉止禁不起正常的判斷。本黨議會黨團與這件事毫無關係」、「惡劣的謠言毫無事實根據。灘井是清白的。這是惡劣的計謀」。這個聲明內容基本上與自由民主黨的七日會派系田中角榮的聲明相同。但是，假如出現無可撼動的證據會如何呢？我認為自民黨將採取與共產黨完全相同的做法，也就是「那是他個人的能力」、「腐敗是灘井個人的行為」，簡單說就是與丟父親臉的「不肖子」切斷父子關係，這樣一切便都解決了。還有，此原則是「父親」處於「隱居」狀態，所以無論是丸紅、全日空公司，大致也都與共產黨採取相同原則「把事情解決」。然而，鎖國時代會如何不得而知，在現代社會中，這樣的做法就會出現怎麼樣都無法解決的問題，簡單說像是「汙染問題」（是「汙染問題」而非「汙染」）或外交問題等，關於這點我將在後面說明，我們先試著回到這種思考方式的「原點」。我對中國思想一無所知，不過根據專家的說法，日式儒教思想與中國思想有著根本上的差異。我聽了專家的說明，再想想孔子，確實他的生活方式並不是日本的生活方式。對於孔子而言，「父與子的倫理」就是字面上的父子倫理，他對於同時代的諸侯，從來沒有採取那樣的態度。比起把終身雇用制與對公司的歸屬感，或對組織的忠誠視為絕對的日本人，孔子的做法更類似美國的執行長，選擇認同自己也採用自己的企劃案，並願意放手讓自己執行企劃的組織。從現代社會來看，孔子比現在的日本人還更現代。他正確評估自己的能力之後，周遊廣大的國土找尋會聘用自己的諸侯（大企業？），那也是合理的。比起日式的順從雇用，孔子與雇主的關係倒不如說接近對等的合約關係，假如聘僱者沒有依照合約任用，他離開職場也是合理的。前面看了過著這種生涯的孔子所說的話，就明白無論是德川時期的主從關係，或是現在日本的主從關係，都跟孔子時代不一樣。

其中的差異在哪裡呢？孔子對於對方確實以誠待之，只要服務某位諸侯，他就會忠誠以待。但是這個關係始終都是「君不君，則臣不臣」的相對關係，可以說雙方的關係應該是基於信義誠實，也就是合約所謂的誠實，或許這就是「忠」的概念。對於孔子而言，「忠」這樣的概念與血緣這種難以改變的非契約的秩序根本，也就是「孝」，始終都是不同的概念。正因為是不同概念，若以不同的說法來表達，將二者視為相同，想必會為社會帶來意想不到的後果。如前所述，要是擴大父子倫理，把父子關係的公司、工會等組織都稱為儒教，孔子可能會大怒而反對。但是，我認為在這方面存在著複雜的問題，因此上述的定義應該暫且稱為變形的「日本儒教」。

不用說，三十年前的日本因為奉行「忠孝一致」，在組織中擴大「孝」並稱這樣的狀態為「忠」，形成一個把「君雖不君，臣不可以不臣」合理化的社會。這是德川時代把對封建諸侯的順從絕對化的意識型態，但是到了明治以後，這樣的意識型態又被擴大到極限，位於此極限的頂端就是天皇。這樣的體制因為第二次世界大戰的打擊而瓦解，不過無需贅言，物理性的毀壞並不意味著質的改變，因為各種新的組織只會成為「孝」的對象，並自成「一家」。此外，戰後的社會反而提供了容易形成此狀態的土壤。

就如評論家上前淳一郎所寫的，三十年前，第一學期在黑板上寫「大和魂」的老師，在第二學期寫了「民主主義」，而老師本身應該沒有任何改變。無論老師或學生，在一般性（日常性）上，當然跟幾個月前一樣。改變的是位於此一般性上的一種虛構，就如孔子所說的「父子」之間的「正直」，簡單說就只是在虛構的更迭中，某種世界類型的改變而已。無論是舊的虛構或新的虛構，都是虛構，所以只要改變黑板上的文字就可以了。假如我們真的被要求「改變一般性的規範！」，那畢竟不是能夠輕易辦到的事。若是如此，為何就像改寫黑板上的字一樣，「改革」看起來好像非常簡單就進行了呢？那是因為美國帶來的意識型態是基於「自由」與「民主」等兩種有趣的事實。

其實美國人單純認為這兩種想法是合而為一的。不過，如果完全不干涉一個民族，放任其自由，最後會變成什麼情況呢？無論願意與否，最後一定會根據傳統的文化規範建立一個社會秩序吧。而且無需任何辛苦、努力或摩擦，就可建立社會秩序。這種情況也發生在如真空狀態般的戰俘營中，這種秩序可稱為「土著秩序」。那裡的人如果照著他們潛意識裡的一般性規範生活，無論願意與否，自然產生的就是秩序。因此，假如美國放棄「民主」只帶來自由，把日本置於全然的自由之中，則擁有數百年傳統的規範也會直接成為社會秩序自然地運作。不用說，這就是日式儒教規範的世界（可以說是一君萬民的情境倫理世界）。而且，這個世界當然跟擁有耶利米傳統的世界之文化規範不同，難怪如果放任自由，最後也會導致自己失去自由。因此，假設放任自由會失去自由，那就只有脫離「一君萬民・ALL 3，不說出口的事實才是真實」的所有組織，別無他法。但是，所謂脫離可以說就是斷絕關係，被斷絕關係者實質上會失去一切權利，所以又會再度失去自由。因此，對於戰後三十年的現在日本人而言，完全無法掌握的概念其實就是「自由」。

後面我將會提到「社會」或「社會主義」，這種概念從明治初期開始到了戰前、戰後，一點也不難理解——如果把立於一委員長、ALL 3黨員，以及「父與子的相互隱蔽」倫理視為社會主義，這樣就容易明白了。此外，透過這樣的概念，也可能建立乍看是「民主主義」的社會。假如「父親為兒子隱瞞非民主的行為，兒子也為了父親隱瞞同樣的事」，無論從哪個角度來看都是民主主義吧，就像現在的日本一樣（只是要先消除個人的「自由」）。

七

二次大戰前的日本軍部與右翼絕對不允許存在的未必是「社會主義者」，倒不如說是「自由主義者」。他們認為社會主義只是搞錯方向，而其意圖不見得是錯誤的，所以只要改變方向，也就是只要思想轉變，便成為有能力的「優秀人才」，難怪許多轉變者都受到軍部的大力照顧，而任職於「滿鐵調查部」。只是，他們認為自由主義者是很難對付的。這種想法在青年軍官中也非常清楚，對於他們而言，所謂自由主義者就是「無法使其思想改變的人」，即「無可救藥的一群人」。那麼，他們把什麼樣的人定義為「自由主義者」呢？簡單說就是非常純真率直的人，存在的事實就說存在，看到就說看到，並且相信這就是真實。但為什麼他們又要討厭這樣的人呢？因為當前面提過的「父與子相互隱蔽」成為組織規範時，上述的定義就會反過來成為量測忠誠的量尺。因此，無論對於任何事，他們都認為「自由主義者」是「與所有組織不相容」的「不忠」人物，故無法信賴。

逆轉規範來衡量忠誠，也就是如果反過來套用前述的倫理，相信任何人都很容易就可理解。舉例來說，假設不是父子，而是沒有血統關係的A與B發生了「B隱瞞A偷羊的事，A隱瞞B偷羊的事」的情況，「正直」也就是正義與真實存在於他們之間，因此他們是基於相互信任而建立組織的。就算親眼看到社長正在吃黑色花生，就算共產黨員親眼看到「共產黨員間的窺探」，如果證詞說「不知道」、「不瞭解」，那麼「正直就在其中」，那就是組織內忠誠的員工，也是最能夠信賴的黨員。田中前首相在七日會派系中宣稱自己是清白的。就算收了一大筆錢可證明並非如此，但只要不說出真相，跟著附和「確實如此」，因為「正直就在其中」，所以也會是忠誠的會員。另外，位於動用私刑的現場，目睹動用私刑的過程，就算過去曾經證實確有此事，如果因應「情境」說出「無法判斷」的證詞，因為「正直就在其中」，所以是忠誠的黨員。然而，這樣的邏輯有點可笑。若是如此，所有證詞不就都是虛假，也變得無法收拾了嗎？其實這可說是「固定倫理」的思考方式，因為情境倫理不僅會因應對內、對外等情境的變化，各種事實也會因應情境發生，所以只要設定情境使「真實」變成事實即可，也就是調整橡膠量尺以配合事實即可。如果說「他偷羊是因為如此這般的情境下而做的，忽略這樣的情境，只討論『偷盜』來規範那人的行為是不正確的。故意忽視搶奪橫行的當時情境，是保守反動的作為」，因為所有人都是「平等」的，所以該行為只有一種應對情境，在那樣的團體內部中，這樣的做法即已足夠。而且，只要能夠說出「所以他沒有偷羊」，就可證明其忠誠度。因此，「一君萬民」、「一老師、ALL 3學生」的平等主義與情境倫理，絕對是無法切割的。

最近企業內部也出現打算採取「一君萬民」的管理方式，這顯示對我們而言，這還是最適合的狀態。某公司社長在經營雜誌上提出「日本橫向社會論」，否定傳統的「縱向社會論」。總之，因為是「一社長、ALL 一般員工」，所以把員工放在平等的「橫向」位置讓其「自由」發揮，這是效率最好的做法。共產黨的「革新政黨黨員沒有『優先席』」也是相同概念。但是，這樣的做法乍看新穎，其實是最傳統的想法，前面也提過就連日本軍隊中也有這樣的一面。如果擱置不理，日式的自由與平等就會到來，這種情況在戰前即已出現。

我們總是像這樣回到原點。孔子恐怕沒說過這種話，而這或許是被儒教觸發的「日本教」中的一條公理。不用說，這個「一君萬民、情境倫理」的世界是團體倫理的世界。這個世界最終會分裂為數個團體，且團體之間也無法建立信賴關係。一老師、ALL 3 學生的團體，要先斷絕與其他班級的關係後才會成立。因此，當這些團體發生共同的問題時，由於彼此間無法信賴對方，最後就會造成決定性的分立。若想要避免這樣就造成分立，能夠想到的方法就是建立全日本的「一君萬民」制度。

如前面提過的，我至今仍經常提起「汙染問題」。我講的當然不是「汙染」的議題。針對科學上的分析數據以及對人體的影響等，我只是沒有發言權的「非科學人」。這樣的我所關心的與其說是「汙染」，倒不如說是因汙染而引發的各種問題。簡單說，就是科學上的資料是如何影響上述的情境倫理、團體倫理，又會得到什麼樣的結果？在這樣的社會中，科學數據最終將變得無法處理，最後應該會出現否定科學的神明附體現象。我在日本軍中屬於偏向「科學性」的砲兵一員，可以說已經看膩了，所以對於會不會出現相同狀況很感興趣。

最有趣的，首先就是出現「資本邏輯」與「市民邏輯」等詞彙。以水俁病的情況來說，最重要的問題是追查罹患這種疾病的確切原因，根據找出的原因做出正確的診斷，接著再根據診斷施予正確的治療，同時做出確實的預防措施杜絕疾病的蔓延。問題的核心應該在這裡才對。如果走錯一步，患者無法接受正確的治療，也就無法期待治癒，而且不只無法預防新的患者產生，投入了各種無謂的努力、投資，當然也得不到任何結果，這樣就會看到與太平洋戰爭相同的過程與結果。雖說如此，就算某時間點某位醫師的診斷或治療方法有誤，也不會是造成此結果的原因。對於新事態的誤判才是主因，沒什麼好奇怪的。如果沒有誤判才是奇蹟呢！

這樣的情況可套用在任何問題上，我自己在戰前是結核病患者，現在回頭想想，覺得當時接受了相當多無謂的治療。不過，我的病情因為各種面向的改善以及醫學的進步，才有機會治癒，「無謂」的治療也絕對不能說就是「浪費」。然而，外國的礦山附近並沒有發生水俁病的病例，好像只有日本才有這樣的情形，不可能參考外國「自由研究的成果」。不僅是治療方法，未來的預防等等，都只能靠日本自行解決，從這點來看，水俣病的發生就是個獨特的問題。到底這個疾病如何產生的？關於治療、預防、防疫等，能夠期盼以不斷修正錯誤的形式進行，達到年復一年的進步嗎？假如期盼無望，理由又是什麼呢？我不得不說，恐怕答案不在醫學也不在科學上，而在於團體倫理與情境倫理，也就是「父與子互相隱瞞就是正直」的倫理上。

所謂「資本邏輯」指的也許就是以下的意思，「父為子隱瞞，子為父隱瞞，正直就在其中，所以無論是鎘，或是意味著收賄的花生，員工為公司隱瞞，公司為員工隱瞞，正義與真實應該就在其中。若不這麼做，立基於互信的公司組織就不會成立。『成立』這件事本身就是他們隱瞞『事實』的證據。因此，假如提出事實的話，他們就會創造、設定具邏輯性的情境，證明因應那樣的情境而做出行動的自己是正確的，這就是『資本邏輯』。因此，他們的邏輯完全無法信任，同時據此而成立的組織本身也是惡的，所以企業就是惡的。」這樣的說法確實有其事實的一面，會得到這樣的觀點也是合理的，亦無法阻止這樣的觀點出現。因為，不只是被批判的人，批判者也是根據相同規則行動，基於自己的規則、透過自己的體驗來評斷對方。

因此，這個邏輯會原封不動地套用在批判者自己身上。「水俣病的原因或許不是鎘。

然而，因為父為子隱瞞，子為父隱瞞，真實與正義就在其中，任何人都不會說出『事實』，因此水俁病實際發生的真正原因尚不清楚。但是如果這麼說，對方就會以邏輯設定使該『真實』成為事實的各種情境，同時譴責不認同該設定的人是不道德的，所以最終還是沒有人知道真正的『事實』。已故記者兒玉隆也說自己前去採訪時，確實一開始就被問到『你是根據哪邊的立場來採訪的？』簡單說的話，就是問他與哪一方有『父與子』的關係吧。」

八

當然，關於鎘我是全然無知的，資料蒐集越多，只會越加深無知的程度。為什麼會這樣呢？因為所有人都不得不把這兩種「邏輯」視為真實，而這樣的真實又是根據各自的團體倫理所設定的情境而發生的，這麼一來，所有人也就不得不把對何者「忠誠」作為論述的起點。簡單來說，「鎘」這個名詞對於專業金屬學者以外的人而言，已經不是金屬名稱了。對於這個名詞的態度，就成為辨識此人是忠誠於哪個團體（「父」）之「子」的石蕊試紙了。因此，我清楚區分金屬學者使用的鎘與「鎘」，也清楚區分專家對於鎘的判斷與對於「鎘」的判斷是完全不同的。當然，我如實接受專家對於鎘的說明，不過我認為「鎘」跟鎘已經完全是同音異義的不同物質。難怪從對手的角度來看，每種說法都是「陰謀」。

最近《朝日新聞》刊登了一則非常有趣的投書，以下引用其中的一部分。「自民黨政治調查、環境部門發出的報告，指出『無法斷定水俁病是鎘引起的』……讓人覺得這其中是為了維護腐敗已浮上表面的保守體制，而展開的布局深遠陰謀……鎘是有害物質，其存在本身不僅對人類，也對其他生物有害（這即是我所謂的『鎘』）……這次的報告之所以會提起這個問題，似乎是因為科學上無法證實鎘是引發水俁病的原因，然而，**科學並非萬能**。問題在於用不科學的說法代替科學上無法解釋的事，並且為那些讓鎘任意流出的企業辯護。……我們應該奮戰到底，不讓這些問題就這樣被偷天換日。」

對於這樣的投書內容，我想大概不需要其他的評論，這是團體倫理最終會得到的結論，連科學結果都進入「情境」之內。然而，一旦變成這樣，原則上連自由的聯想或探究等都變得不可能，因為皆被情境所控制，而人類在各種面向上，應該也無法從因應情境所得到的結論脫離或前進。一言以蔽之，就是不得不變得保守（當然，要把這種情況命名為自由或進步就隨個人的意了）。這麼一來，無論是解決汙染的面向或其他面向，只要不先解決「汙染問題」，汙染就無法解決，解決的方向也是「解決問題」的方向，應該不會是解決汙染的方向。

如此，若有人堅持「這樣不行，要真正地解決汙染」，那就會像前面說過的，變成「所有工廠都要停工」，也就是「人死了癌症就會消失」的概念，或是產生必須破壞所有「父與子互相隱瞞的體制」才能做些什麼的想法。基於這些想法的破壞行動已有一部分被執行了，但是不管願意與否，透過破壞所帶來的自由已根據其一般性而建立了秩序，所以更進一步地成為力量更強大的傳統文化規範。這點只要看看新左翼各團體以鐵管為武器互鬥的殲滅戰即可明白。而且，各團體不斷重複這樣的行動，最後就回歸到「一君萬民」的體制。

說實話，這是個明治以來便不斷變換各種樣貌，宛如宿命般不斷重複的現象。我只舉其中一個例子，請各位想想這是誰的想法？又是戰前或戰後的想法？以下我引用其中一部分文章。

> 簡單來說，現在的日本社會應該稱為經濟封建制度。如果用以前三井、三菱、住友等御三家[20]為例，也看得出日本在那樣的經濟生活中，受到稱為「黃金大名」等三百富豪諸侯的控制。因此，主政者無論是政黨、官僚、或是其他

人，表面上領域雖各有不同，實質上則是經濟諸侯，亦即透過財界的支持來維持政府的運作，因此所有的一切都成為金權政治。

不用說，我們透過各國歷史看到金權政治暴露出極端的腐敗與墮落，從政治界的高層到枝端末節都一樣。

最近除了暗殺之外，也發生了部分的危險行動，這開始暴露所謂金權政治建立的控制階級腐敗墮落的一部分。與許多大官、大人物相關的犯罪事件陸續爆發，看了就知道兩者幾乎是同時出現的。

（中略）

因此，我希望首先要理性地完成國內改造。至於國內的改造方針，第一要務就是掃除金權政治，亦即把御三家及三百諸侯所擁有的財富都轉為國家所有，改為國家經營，讓營業利益都收歸國有。

上述的方法極為簡單，這些諸侯財閥的財富存在於大家都看得見的地方，只要簡單地改變持有人的名稱就能收歸國有。另外，各公司的工作人員，也就

20〔譯註〕指某產業中的前三大企業。

是從董事到一般員工等，則直接任命為國家公務員，這樣非常簡單就能夠處理完畢。

我主張立足於人類生來就擁有的自由基礎上，要求一定要採取私有財產制。這種想法的根本與所謂傳統教條式的共產主義完全不同，私有財產設定最高限額，在限額以下的私有財產應該由國家保護成長且受到法律保障。因此，以我腦中的改造想法來說，（中略）重點要放在完全不影響到中產階級以下的人。我相信只要做到這點，馬上就可以靠這些收益充分填補目前日本所需的支出，而且還有剩餘。（中略）

在根本精神方面，這個方法顯示出國民的自由與平等，也就是人民合理的穩定生活應該受國家力量的保護與成長。日本的政治制度應該以一政府為核心，萬民一律平等而無分別。

其實這是北一輝[21]的相關資料中，《警視廳聽取書》的部分內容。我稍微改變了一些原文，改變之處以••標示，若要如實寫出原文，其他人＝軍閥，財界＝財閥，部分的＝部隊的，傳統教條式＝（無），一政府＝一天子，就是這些而已。如果更動相同字句，因二・二六事件[22]遭處死刑的磯部淺一，其《獄中日記》的一部分，或許就可原封不動地以戰後書信流通。舉例來說，也有社論直接這樣抄寫，「明治以後的日本是個以天皇為政治中心，一君與萬民合為一體的立憲國家。更簡單來說，是個以天皇為政治核心的現代民主國家。因為必須是那樣的國家體制，所以也不允許少數幾人的獨裁。然而，現在的日本是什麼樣子？不就是一個以天皇作為政治中心的元老、重臣、貴族、軍閥、政黨、財閥專政的獨裁國家嗎？……」。

這種想法的基礎概念是什麼呢？歸根究柢，就是利用革命手段瓦解各團體各自以「父與子互相隱瞞」的「真實」所維持的經濟封建制度，簡單說就是破壞全日本整體的「父與子」制度、各班級的藩籬，以「一老師、ALL 3學生」規則所建立的整個日本的學級體制，也就是建立「一君萬民」的體制。他們認為這是自由平等、一律無差別的理想體制，亦將此體制定義為立憲的民主體制。然而，實際上他們試圖把團體倫理制度合而

21〔譯註〕日本法西斯革命家，以鼓吹日本革命而聞名於世。提出《日本改造法案大綱》，主張由下層社會開始，進行國家改造。

22〔譯註〕一九三六年二月二十六日，皇道派的青年軍官受到日本法西斯主義者北一輝的影響而發起軍事政變，也是陸軍內部皇道派與統制派的對決，最後以失敗收場。

為一，並將全部日本人納入其中。而且，其實某種程度建立這個制度的，是二次大戰中的日本。

可以說因為一君萬民，所以有一億總情境邏輯、總情境倫理。也因此各種虛構的情境由此而生，所有的事都根據當時的情境判斷，透過否定「父與子」之間的事實，以「正直就在其中」的忠誠維持秩序。此外，每次發生相同事件，所有一切都套用同樣的模式處理。不可能根據事實自由地發想或者據此想法改變方向，最後就變得走投無路，人們就算知道這樣將自取滅亡，卻也只能往此方向前進。即使該虛構出現破綻，其實只要第一學期、第二學期改寫黑板上的字，該虛構的事實也就消失，且立即轉移到其他的虛構事件。——透過「父與子」互相隱瞞的機制做到這點。

我之所以對「汙染問題」感興趣，其實就是因為這點。假設——始終都是假設的情況，如果最後證明了「鎘與水俁病沒有關係」，事情又會如何演變呢？應該停止一直以來的治療與預防，找出其他原因並擬定對策才對吧。以醫學的角度來看，過去也發生過許多這種情況。所謂人類的歷史就是錯誤的歷史，所以這樣的情況一點也不奇怪。如前面提過的，結核病也曾被認為是遺傳疾病，罹患結核病的家庭也被稱為結核病血統。據說連續注射鈣，病灶就會鈣化（？）而治癒，我也曾經接受多次這類的注射治療。詢問現在熟識的醫師，才知道那些都是無謂的作為。

但是，假使某種情境倫理發揮作用，出現至今也不能說出那些治療無效的狀態，「父子互相隱瞞」的真實持續下去的話，事情又會如何演變呢？那已經不是醫學問題，也不是科學問題了，如前面投書者所說的，那是我們就算否定科學，試圖維持並因應某種情境也要面對的「一般性」邏輯問題，簡單說就是「一君萬民」、「一老師、ALL 3學生」與創造出這種體制的情境邏輯，以及基於該體制而產生的倫理問題。這點我會在下一節與基本教義主義（fundamentalism）的關係中再度討論，不過，「汙染」方面並不是只有表面上看到的問題。還有，「一君萬民平等無差別」的「君」指的是誰呢？其實就是極權主義（totalitarianism）的不負責任制度。

九

……這不是軍人本身的性格。是日本陸軍上下的力量或某種力量使得軍人採取這樣的組織或行動。（摘自小谷秀三《菲律賓之土》〔比島の土〕）

日本真是奇怪的國家。當研究室或實驗室得出某些數據資料，比起探討數據資料，某種力量會早先一步影響那些資料……。（北条誠《環境問題之轉捩

點》〔環境問題の曲り角〕書中瑞士製藥公司員工的發言）

前面兩段文字都出現了「某種力量」的說法，不過這兩段文字之間毫無關係，無論是寫的人或是描述的情景等，都是不可能知道對方狀態所寫出來的。小谷秀三與寫《虜人日記》的小松真一情況相同，都是以技師身分被軍方徵召，歷經呂宋島戰敗死裡逃生的一介平民。他從平民這個第三者的角度，看到敗壞、逃亡並趨近於滅亡的日本軍中，有著原本就與軍事完全無關也與「軍人本身的性格」無關的「某種力量」運作著。而且，就是這個「某種力量」驅使日本走向毀滅。

從那時至今，日本已經過了「戰後三十多年民主化」的日子。然後，北条誠也聽過某位瑞士人說出類似的評論，此君完全不知道小谷或是日本軍在菲律賓幾乎全遭毀滅的實情。以下我稍微引用他的記載內容。

紳士用了「某種力量」的說法，但是那樣的抽象形容反而傷了我的心。沒錯，確實在日本「某種力量」會立即影響一個數據、現象或事件。大眾傳播媒體飛撲而來，接著形成巨大漩渦，被誇大宣傳，成為輿論的力量，並且擴散到與那些資料或事件完全無關的地方。這是日本人一頭熱的特性。不過，這似乎不是光靠「一頭熱」就能解決的問題。……人民的健康、安穩的民眾生活等，只是被利用來作為起點，不知不覺就被忘記並且演變成骯髒的鬥爭。正因為是環境問題，所以我更害怕那個「某種力量」。

就如「人民的健康，安穩的民眾生活」這樣的起點，以前日本軍的起點則是重複主張國家、國民的安全與「保護生活圈、生命線」。然而，一旦「某種力量」影響了那個「起點」，一切就宛如宿命般地衝向毀滅的方向，連自己也無法制止自己。那已經是目擊現場的第三者無法說明的狀態，所以只能以「某種力量」來形容。另外，我們經常在各種問題上的某些地方感受到「某種力量」，它出現在我們說的話語中，通常以「……問題」的表現方式呈現。舉例來說，當國內說某種外交談判已經「成為政治問題」時，人們就會明白這樣的形容是指「『某種力量』發揮影響力，這個問題已經不可能以單純的外交談判達到理性的解決」。前面說過，「汙染」與「汙染問題」要分別思考，有相同想法的人可能不只我一個。聽到「問題」二字的那一瞬間，就表示小谷、瑞士紳士所指的「某種力量」發揮影響力，且該力量反而阻礙懸案的解決。

這是幸或不幸呢?我等確實受到某種力量(能量)控制,這是無法否認的。那麼,無論是以前或現在控制我們的「某種力量」到底是什麼?不可能抵抗那樣的力量嗎?的確,當我們說出「某種」的時候,那就不可能抵抗了——因為我們無法對抗不明實體的對象。假如真正想要對抗在菲律賓的小谷所感覺到的、面對藥害問題的瑞士人所感覺到的,還有許多人在各種「問題」上感覺到的「某種力量」,若希望擺脫這個如詛咒般的力量,就只有先釐清所謂的「某種」並重新理解,再找出因應對策,除此之外別無他法。而且,那個「力量」應該不是來自外部,而是聚集在我們的內部,也就是日常生活的規範之中,應該也可以說聚集在一般性這種潛意識的規範裡。假如不是潛意識的話,我們就不可能會受控制到自我毀滅的程度。同時,只要這是一種力量,不見得就只有負面作用,應該是有正面也有負面的作用才對。而且該力量產生正面作用時,看起來就會像是奇蹟一樣吧。建立明治時代日本的正面「某種力量」跟毀滅日本的負面「某種力量」,恐怕是同一種;為二次大戰後的日本帶來「奇蹟似復興」的「某種力量」,應該也是擁有毀滅日本能力的「某種力量」。難怪當這個力量趨向某方向所獲得的成果,會在該力量轉往另一個方向時,一下子就自然毀滅——只要沒有找到控制該力量的方法,就會產生那樣的現象。

在此，我們試著再度回顧決定某事並付諸行動時的原則吧。如本書的書名《「空氣」之研究》，做決定的是「空氣」，空氣醞釀的原理、原則，就是以臨在感去理解對象。理解臨在感的原則是，單向地對對象產生移情作用，藉此使自己與對象成為一體，並且拒絕分析對象的內心態度。因此，這個理解無法脫離對象進行分析。簡單說，不可能藉由說出石佛是石頭，金銅佛是金與銅，人骨只不過是物質，御神體是一個石頭，天皇是人，鎘是金屬等，就能夠脫離對象。當然，乍看好像有已經脫離的錯覺，但是產生錯覺的人只是把其他對象又當成移情作用的對象，簡單說，就只是「從天皇轉向毛澤東」而已。因此，只要能夠把某對象當成自己移情作用的對象，也就是說只要能夠把對象化為偶像，亦即化為某種象徵，就算對象有可能改變，也不可能擺脫這樣的狀態。

明治時代許多人丟棄了過去的象徵，還稱呼並痛罵不丟棄的人是守舊或冥頑不靈。不過，痛罵別人的人並非脫離了那樣的狀態、不以臨在感去理解新的象徵，相反地，他們只是快速地以臨在感去理解新的象徵，與該象徵之間醞釀出所謂「文明開化」的「空氣」而已。當然，語言或口號也可能成為象徵。因此，無論是「尊皇攘夷」、「文明開化」等，只要這些語言是某種象徵，而非應該分析其意義內容的命題，那麼他們的轉換就跟這些「標語」的意義內容完全無關，如果對標語產生了移情作用，當然就能夠立即轉換並醞釀「空氣」。

這種狀態與二次大戰後的日本戰後復興相同，難怪這時轉變的人們認定這樣就能夠與過去一刀兩斷。明治初期，許多日本人說了非常可笑的話。他們說：「我們沒有歷史，我們的歷史從今天開始寫下嶄新的一頁。」這是二次大戰後的方向，亦即以臨在感去理解新的對象，透過這些做法試圖相信他們能夠從各種面向與過去一刀兩斷，其實這時他們與大多數人對過去所採取的態度是一樣的。也就是他們相信應該把過去視為全盤否定的對象，然後重新建構，再以臨在感重新理解，這樣就能夠與過去一刀兩斷。

這種態度與宗教的皈依（conversion）極為類似。若是宗教的皈依，由於內心改變，以臨在感理解的對象也完全不同，透過「捨棄舊神，信奉新神」的過程，就算發生「捨棄舊的自己，活出新的自己」的現象也是正常的。像這種情況，以前以臨在感理解的對象可能消失，也可能成為否定的對象而遭「惡魔化」，難怪最後會覺得過去控制自己的「空氣」瞬間消失，自己從控制中解脫——即使這是獻身於新對象的控制。如果看了基督教接受期的西歐，這種現象一點也不稀奇，那些信眾立刻就朝「破壞舊偶像」的方向前進。日本的轉換期也一樣，過去曾經受讚美的對象，多多少少都一變而成邪惡的化身——無論是無敵皇軍、天皇、商社、汽車，或是東亞解放、忠君愛國、經濟成長等口號也都一樣。

只是，這時無論是新舊對象，如果該對象不是絕對者，或不是被推昇至絕對地位的對象，就不可能升起皈依心。可分析的對象不可能是起皈依心的信仰對象。無論是明治的皈依或戰後的皈依，使人起皈依心的對象必須是某種絕對者才行。明治的改變點與承接這點的戰前對象是天皇。然而，已皈依者就算主觀認為自己是「嶄新、重生的新生」，也無法在那一瞬間就與之前的自己切割，而成為完全不同的他人。如前所述，擦掉黑板上的「大和魂」並改寫成「民主主義」，並不表示該名教師自己就能夠改變。同樣地，昭和十九年（一九四四）的日本人，也不會在昭和二十年八月十五日[23]那天就瞬間改變。只是，完全改變以臨在感理解的對象，透過皈依該對象，也就是透過對該對象產生移情作用，只不過是讓人產生自己已經改變的錯覺。這時，對象是絕對的，同時在皈依這點上，每個人面對對象都必須處於平等的地位。

最後，無論是什麼情況，相對於該絕對者，其他的萬物都是平等的。這是宗教皈依自然的結果，絕對者是不可能「歧視」皈依者的存在，以基督教的說法一定就是「主內

23〔譯註〕日本政府在一九四五年八月十五日宣布無條件投降。

的弟兄姊妹」。這種關係無論是明治或戰後都一樣，若要說其中的差別之處，那也只是戰後的絕對者是民主主義與憲法而已。因此，就算不斷修改、就算能夠修改日本對民主主義與憲法的定義，也不可能與西歐傳統上以民主主義為原則的定義相同。更何況在日本無論如何也不允許「所謂民主主義是統治的一種型態，其本身包含了各種應克服的缺點」的相對化，說到「民主」，就必須是絕對的，而且日本的民主也必須是全世界最棒、最特別的。憲法也一樣，不允許因為各種法條經常有缺陷，以致執行法律之際也必須不斷修正法律的情況，主張「戰前的天皇制與他國的君主立憲制完全不同，是堅固無暇的體制」一樣，必須是完美無缺的才行。一言以蔽之，表達這些的話語必需是一種偶像，亦即必須是絕對的象徵才行，而非帶有批判／分析對象內容的概念，否則就不可能同時產生因應情境的「ALL 3平等」的皈依心。

現實中，一個政治制度是不可能「絕對」的。另外，也沒有組織會保證政治制度一律平等無差別。政治制度原本就應該是由人類來經營的體制，而非如佛像般能夠以臨在感去理解的對象。然而，沒有人能夠意識到這點，所以對政治的要求程度過高而到達宗教的層次，最後那樣的要求變成單方面尋求對臨在感理解的滿足。二・二六的軍官們以臨在感去理解天皇，而把天皇視為佛像，因此當他們確實感受到天皇擁有自己的意志並掌控一個機構時，宛如看到佛像開口定自己的罪一樣地驚訝。也難怪他們會驚訝，以臨在感理解的對象必須是能夠讓自己單方面產生移情作用的「偶像」，擁有自己的意志而做出行動的，不可能成為以臨在感理解的對象。也就是說，「潑水」的一般性所帶來的情境倫理世界，最終會形成「空氣控制」。

這種狀態在戰後也沒有改變。然而，若想把不可能成為對象的東西當成對象，把此對象醞釀出來的「空氣」當成一個體制並使其能夠延續，成為一個永續「力量」的話，除了空氣之外，還需要另一個要素。不用說，「空氣」會因為以臨在感理解的對象變化而瞬間消失。因此，如《「空氣」之研究》這個書名一樣，就算空氣能夠控制每個個人的決定，也不可能成為永續的體制。若想要這個本來不可能的事能夠形成一個體制，透過空氣控制集權主義來控制整個日本，讓「某種力量」得以發揮作用的話，就必須具備某種一般性的保證才行。這是對「水」的實際描述，同時也是對目前情況的描述。藉由情境邏輯與情境倫理，使永續性能夠成立「一君萬民」、「一老師、ALL 3學生」的「父與子互相隱瞞的真實」之體制。

用個簡單的例子來說明上述結構的相互關係。在明治的皈依方面，以臨在感理解的對象之轉變就成為其轉變點。若要把此皈依狀態建立成一個永續性的體制，天皇就必須是「如佛像般」的現人神才行。若是如此，那麼天皇就只能放棄人的身分以及身為佛教徒供養泉湧寺的施主身分。天皇為了人民而隱瞞自己是人的事實，人民也為了天皇而隱瞞這個事實，於是「正直就在其中」的狀態被建立了起來，打造一個不管每個人內心怎麼想，不說出口就是「正義與真心」的體制。

不用說，當時的所有日本人都知道天皇只不過是凡人，雖然知道，但是不說出真相就是正義與真心，他們也知道如果說出口就會失去正義與真心。簡單說，如果說出真相，那就不是國民，也就「不是日本人」了。若要簡化些，這個原則就是領悟到對於日本國而言，自己是「正直」的日本人，故而自己最清楚這些話不是「事實」，同時自己將這些話當成真實說出口是有意義的，這跟證明此人是「正直」的丸紅人、「正直」的共產黨員、「正直」的工會成員的原則是相同的。除此之外，說出口的這些話沒有其他任何意義。因此，戰前的人們就算對於天皇是「世界級的生物學家」這點引以為傲，也不會說出「生物學家應該不可能認為自己是現人神吧」這種話。另外，如後面將要提到的，無法理解這點的戰俘營美國軍官，就算聽到我說「日本沒有猴子審判[24]（演化論審判）這種事，我們認為演化論是合理的，也接受這樣的理論，小學也都教過，很難想像會發生猴子審判這種事」，美國軍官也絕對不肯相信。他堅信要不是我是說謊者，不然就是日本人都是瘋子。「……首先，應該沒有人會相信神的祖先是猴子，或是猴子的後代是現人神，除非他是瘋子」他說道。然而，如果考量「相互隱瞞事實，真實就在其中」的原則，這種事便一點也不奇怪。只是這個問題對於僅知道「皈依」後的戰後情況的人而言，好像非常難以理解。也難怪會難以理解，因為這樣的情況跟脫離某新興宗教團體的人，無法客觀說明信仰當下自己的狀態一樣。不過，這只是改變理解的對象而已，其做法基本上只不過證明了在戰前或戰後都沒有改變。關於詳細內容前面已經提過，就不必贅述了。

若要簡單說明上述的關係，就是本來只定義「父與子」之間的倫理，把臨在感的理解對象視為「父」，並把理解者視為「子」，定義他們之間的關係——可以說透過這樣的做法，就可以把「父與子」的關係訂為各種秩序的基礎，這在宗教現象中並非特別奇特。若以圖解的方式來說明，可以說以這種形式建立的體制，就是佛教基礎結合儒教規範的結果吧。而且，這個體制完全排除了「自由」與「個人」的概念。如果個人自由地說出

24〔譯註〕一九二五年三月，美國田納西州頒布法令，禁止在課堂上講授「演化論」。美國公民自由聯盟找到一位自願在法庭上驗證這條法律的老師，引起轟動全美乃至全球的歷史性事件「猴子審判」(Monkey Trial)。

事實，此關係就不會成立，也無法透過教義（dogma）來約束個人。因此，就算民主主義與社會主義等詞彙在日本能被接受，實質上也必須先消除自由、個人等概念。而且，就如前面提過的，其實從戰前以來，民主與社會就是與天皇制結合的堅定概念。還有，假如個人自由發言、採取個人的行動，日本社會就會緩慢且極為冷酷地將其澈底排除在外。不過，只要當事人改變，進入規定的「父與子」關係之中，則該團體就會立即將其納入團體裡面。難怪沒有任何人因《治安維持法》而被處死，也難怪許多人一改變，連有利的工作都被安排好了。因為無論原先屬於哪個宗教團體，改宗者反而會獲得更高的評價——。

十

前面討論了各種議題，從〈「空氣」之研究〉到〈「水＝一般性」之研究〉，臨在感之理解、空氣的醞釀、「父與子」互相隱瞞的倫理、一老師ALL 3學生的一君萬民體制，以及成立上述這些的情境邏輯與情境倫理等。那麼，若要以一句話來形容上述的共通點會是什麼呢？不用說，就是「虛構的世界」、「在虛構中尋求真實的社會」，也是已經形成一個體制的「虛構的控制組織」。

社會中存在著虛構，驅使人們行動的也是虛構的，不，無法否定這只是虛構的現象。因此，在這當中當然是有「某種力量」運作著。如果以戲劇或祭祀儀式為例，相信任何人都會非常明白。所謂舞台就是完全隔離周圍而形成的一個世界，設定某種情境邏輯的場域，人們在此設定之下表演，表演者與觀眾之間隱瞞這是場表演的事實，藉此呈現某一種真實。簡單說，不斷大聲指出男扮女裝的演員其實是男性的「事實」之人，是不存在於那個時空的「非演員、非觀眾」，如果讓那樣的人存在那個時空當中，則在舞台上呈現的真實就會瓦解。不可否認的，「演員為了觀眾而隱瞞，觀眾為了演員隱瞞」所構成的世界，在設定該情境邏輯的劇場小世界裡，與以臨在感理解對象的觀眾之間醞釀出某種「空氣」，以空氣控制集權主義的形式把人們移往另一個世界，那樣的世界成為影響人們並驅使人們行動的「力量」。因此，問題並不在於人們能夠處於這種狀態，而是這種狀態是如何控制社會的哪個部門。如果只有戲劇或祭祀儀式的世界，那就沒有問題。不過以日本來說，若想要根據一般性建立某種秩序，首先就不得不在「空氣的醞釀」與維持空氣的「父與子的互相隱瞞」的真實中尋找秩序。若說不得「不尋找」表示沒有必要主動追求，但是如果根據一般性行動，則無論願意與否，這個秩序就會建立起來，而且如果在此秩序中安居，就稱為一般狀態。這點就如前面提過的，無論是共產黨或丸紅，都是一樣的。

只是，問題在於若要維持這個秩序，所有團體都必須具備「如劇場般的封閉性」，因此團體就會成為封閉團體，如果要以此秩序覆蓋全日本，就不得不走上鎖國這條路。鎖國的話題最近被討論得很熱絡，但是最大的關鍵在於資訊控制，這點與現在的日本基本上沒有區別。因此，問題在於這個一般性控制著政治、經濟、外交、軍事、科學等部門，以這樣的形態，亦即基於「父與子互相隱瞞」的真實狀態所做出的種種決定，真的安全嗎？還有，根據這樣的方法所做的決定，暴露出最大的弱點恐怕就是外來思想、外交、軍事、科學性思考等領域，也就是鎖國所排除掉的部分。

很久以前我曾說過，如果日本就這樣繼續往前走，便會形成各種封閉團體被合併，自動排除外部資訊的型態，也就是只有被改變為不影響該團體內「戲劇」的資訊才會被傳送，否則就會成為一個無法維持秩序的世界，而這樣就不得不形成某種極端民族主義（ultranationalism）。那時，現場有一位聽眾抗議「絕對不會有那樣的事，因為極端民族主義戰爭的緣故，我們……」，並憤而退席。針對他的說法，我解釋極端民族主義本來應該就是以「鎖國」為目標，我提到的極端民族主義指的就是那個意思，而戰爭應該就是與極端民族主義相反的國際性（international）行為，對方聽了露出一個極為驚訝的表情。所謂戰爭就是國際事件，因此就像美國那樣，軍方為了瞭解對方而成立日語學校，從全國找來優秀人才施予密集的日語訓練，是會把這種想法視為理所當然的「事件」。然而，日本卻反而規定英語是敵國語言，所以禁止教學。提問者的想法基本上與這個想法相同，但是同樣的想法應該會先出現在外交上。可以說，這樣的想法就是若想跟對手建立某種關係，首先就必須互相隱瞞，「真實」的關係才會成立。然而，一旦變成這種狀態，由於資訊的控制，真正的外交就不復存在。但在現代的世界裡，若少了任何形式的外交手段，一個國家就不可能存在，所以在那樣的情況下，對方國與本國就以「父與子互相隱瞞真實」的形式，亦即不得不在虛構的狀態下，與對方建立關係。這樣的做法最後會落入某種不同型態的斷絕狀態。這就是戰爭爆發之前日本所走的路線，恐怕現在也是延續相同路線。當然，我無法說這樣就一定會引發戰爭，從外交關係破裂而走向毀滅的可能性還比較高。

以上是典型的狀態，不過相信讀者已經察覺二次大戰後的日本以一種「自主獨立」的方式，也就是「日中復交」的方式進行外交談判。首先，國內的「空氣」依照著醞釀空氣的原則順利浮現出來。接著與北京之間建立「父與子」的關係。這樣的關係典型地出現在林彪事件[25]中，該事件因為「北京為日本的報導隱瞞，日本的報導為北京隱瞞，正直就在其中」，兩者間共享這個虛構（不，不只這個，還有許多虛構），真實的關係得以建立起來。在報導方面，《朝日新聞》的廣岡社長被問到這個問題時，說了富含「對於未來即將建立友好關係的對方，如果報導一切事實……」意味的一段話，而且把這段話視為理所當然的社會，大概也是用短短的幾句話來表達前面描述的日本潛意識中的一般性。從那個意義來說，該社長的那段話成為近來難得一見的名言，另外，也只有這個時候同時清楚表明了「某種力量」發揮了作用一口氣達成某事，以及若轉向的話，該力量就會如前面提過的，一下子發揮自我毀滅的能量。只是，這個以「舞台與觀眾」形式所形成的「某種力量」會因為一個事實被戳破而輕易破滅，因此如果要持續這麼做使其不致破滅，就必須利用各種方法阻止事實被揭露。最後，就如戰爭中「禁說英文」象徵的那樣，形成不能看到對方真實樣貌的態度，結果就不得不控制所有資訊，使報導與讀者之間，或是獲得支持的政府與國民之間，形成「父與子互相隱瞞」的狀態。還有，情境倫理被用來作為控制使用，否定情境倫理的人在某種意義上會被視為不道德而遭譴責、排除，同時也不得不經常定義自己是無誤的。這樣的關係也會出現在軍事問題、汙染問題上，這些前面已經提過，就不再贅述。

〈「空氣」之研究〉與前面提到的，簡單說就是解釋日本的限制原則。在某種狀態下，人們會被什麼限制而失去自由呢？為什麼無法自由思考並依據自由思考自由發言呢？還有，雖然處於那樣的狀態，為什麼能夠說「現在的日本太自由」呢？為什麼會出現「可讓渡的自由」與「無法讓渡的自由」這種大概在世界定義的「自由」概念中，找不到的不自由分類呢？這恐怕是因為我們在「空氣限制的一般性」中，不知道該把「自由」的概念放在哪裡的緣故。的確，如果處於這種狀態下，還說出「自由」二字，只會惹得正直的人發笑而已。從文藝春秋社出版的月刊《諸君！》（昭和五十一年三月號）的投書就可證明這點。以下我引用該投書的一部分內容。

> 我看了渡部昇一[26]的論文《甲殼類的研究》（甲殻類の研究）……文筆極為流暢，從與社會主義問題似乎完全無關的嬰幼兒問題開始，直到最後，我一口氣讀完。但是在最後一頁，看到「希望能夠像魚一樣的自由」這句話，我忍不

25〔譯註〕中共第九屆二中全會引發毛澤東和林彪關係惡化後，林彪與妻、子於一九七一年九月十三日搭乘飛機出逃，卻不幸墜機身亡。

26〔譯註〕日本的英語學者，文化評論家。

住笑了出來。萬萬沒想到這麼有趣的文章背後有著如此認真的期盼。……在此，我只針對基本的概念提出反駁。

渡部雖然沒有明確表達自己的立場而寫了這篇文章，不過在最後表明自己選擇「自由主義」。所謂自由主義就是資本主義，是在社會主義、國家社會主義與資本主義的矛盾中誕生的產物。

渡部所言的自由主義我雖不甚明白，不過與資本主義或早期的資本主義不同，變得非常不自由而成為社會主義，而且也避免不了那樣的趨勢……（著重號為原作者所加）

讀了這篇對渡部昇一的反駁文章，首先想知道的是，這位作者腦中的「自由」到底是什麼樣的概念？如果從這篇投書中擷取「自由」、「自由主義」等兩個詞彙，大概是這樣的脈絡，看到「像魚一樣的自由」……「忍不住笑了出來」，接著斷定「所謂自由主義就是資本主義」，然後「渡部所言的自由主義我雖不甚明白……」，最後與資本主義或早期資本主義相比，「變得非常不自由」。此人論述背後對自由的概念，大概就是現在日本人一般對「自由」的概念吧？若是如此，對於此人而言，「自由」應該就是無用，不，倒不如說是阻礙、引人大笑的概念吧。

確實，如果在以「空氣」的約束、情境的約束、一老師ALL 3學生的一君萬民約束、父與子互相隱瞞真實的約束等一般性約束建立秩序的社會中，說出「自由」二字，正直的人真的會笑出來。這種笑應該是對演員在劇場中說出錯誤台詞的笑，也是一種自嘲的笑。另一方面，如果想到上述的約束，那麼下個瞬間以自由↓自由主義↓資本主義的模式否定並除去自由，那也是合理的。二次大戰後有一段時期，如社會潮流般地被談論的「自由」不斷被潑「水」，實際上那樣的潮流最後也逐漸消退。如前面提過的，對自由進行爆發性破壞的抵抗，反而只是走向強化傳統文化規範的方向，而且，最後只不過是改變曾經執行過的方法的樣貌而已。

那麼，該怎麼做才好呢？難不成又要跟三十年前一樣，向左翼、右翼、先進國家、落後國家等找尋以臨在感理解的新對象，朝著新對象改變方向進行形式上的皈依，藉此斬斷眼前詛咒的控制，將詛咒惡魔化並定罪，藉此暫時相信自由與解放已經到來，如此讓醞釀而成的空氣熱潮形成生活常規而持續著，並成為秩序嗎？這種方式其實也部分嘗試過並引發各式各樣的事件，大眾傳播媒體的論調大概就在連執筆者也缺乏明確意識的狀態下，一直往這個方向前進吧。恐怕是連幻想也想不出其他任何方法，結果這個方法就是明治以來的延續，沒有創造出其他任何新的方法。

明治以來，我們不斷重複前述的做法，同時也沒創造出任何一種思想或制度。包含前述投書者，我們都忘了某些事，那就是創造任何新事物只是斬斷前述各種約束的「自由」，也就是「自由思考」而已，否則我們總是別無選擇地以臨在感去理解設定情境的既有對象，並主動定義我們與該對象的關係。然後，對於未來的想法總是如那位投書者一樣，只會產生「……避免不了那樣的趨勢」之宿命論式的盲從，繼而連自己也忘記這點，並嘲笑自由。

自由（liberty）的概念當然比自由主義、資本主義還早，其原意是解放奴隸的意思。如果人們想要追隨某個目標發揮最高能量，確實以各種束縛限制其思考得到的效率最高，就算該束縛是虛構的，也會是強大的「力量」。這是無法否認的事實，如果從「自由」與「摸索」來看，那樣的狀態真的能夠發揮奇蹟似的效率。但是，人若要能夠創造某種全新事物，唯一的方法就是解開各種對其思想的限制使其自由。

我們確實是一直追隨著「世界趨勢」的腳步，在把所有一切都用「趨勢」來解釋的時代中，就算嘲笑「自由」等於「效率差」也無所謂，而且這麼做的問題還比較少。只是，到達了此方法已經行不通的位置時，很自然地該「某種力量」就會失去方向，為了尋找以臨在感理解的新對象，而出現四處亂竄、衝突、狂躁等狀態，只能對自己的「力量」產生破壞性的作用。這股力量知道這是毀滅性的而試圖向外突破，也可能因為內部的混亂而導致自毀，而且那時能夠擺脫那種狀態的唯一方法，就是靠自己的意志斬斷前述各種限制的「思考自由」，以及根據思考自由而進行的摸索而已。——首先就是擺脫「空氣」，脫離一般性的規範而成為「自由」狀態。這個結論是有人會「忍不住想笑」的唯一方法。

能夠執行此方法的前提，是澈底找出到底是什麼限制了人的心靈，所有的一切步驟都由此開始。最能夠清楚呈現此過程的就是改革者馬丁．路德（Martin Luther）。在某種意義來說，現代社會隨著馬丁．路德的腳步同步發展，而且那樣的改革深入探究傳統潛意識中，約束自己的心靈且同時在不知不覺中成為一般性的東西，並斬斷那樣的約束。沒有那樣的過程，就不會有所謂新的自我改革。說來，若是在「趨勢」這種宿命論之下，以臨在感去理解、追隨自稱「改革」的既有對象，藉此尋求新的皈依的話，那就另當別論。但是實際上腳步定住不動，只是「轉頭」去追尋新對象，是不可能有任何進步或改革的。

那麼，我在此試著回顧「空氣」、「水」與「自由」的關係。

我想，讀到這裡的讀者已經推測到戰後某段時期我等熱烈談論的「自由」是什麼了，那就是「潑水的自由」之意，也是針對日本以前沒有這樣的自由而招致某種毀滅所做的反省。如果回顧過去，應該會察覺在戰後不久因「抵抗軍部」而被視為英雄的許多人，都是勇敢地對當時「空氣」=「潑水」的人。因此，「英雄」不見得就是「和平主義者」，「主義」與行為無關也是正常的。批評「竹槍戰術」[27]的英雄只是在「竹槍醞釀出來的空氣」中，說出「竹槍刺不到空中飛的B29轟炸機」的「事實」而已。這與最前面我提過的「沒有人帶頭行動吶」相同，由於「水」瞬間把現場的「空氣」化為烏有，難怪就算當事人基於正確意涵的軍國主義（militarism）立場說出事實，該行為也會被視為非日本國民。這就像是指著舞台上男扮女裝的演員說「他是男的、他是男的」，這時只能讓這樣的觀眾離開劇場了。而且，藏在這些言語=水背後的，是包含說出事實與聽到事實的人的一般性行為，所以雖然這些話是事實而非謊言，但是他說的卻不是「真實」。當時就算不明講，大家也都能切實感受到這種做法會毀滅日本，所以難怪大家也都會覺得「潑水的自由」也是「自由」，若是失去這樣的自由就慘了。

此外，共產黨似乎在戰後還持續受到極強大「空氣」的控制，而且「空氣」也產生了汽油彈鬥爭、山村工作隊[28]之類的各種行動。不過，共產黨這樣的組織若想在日本發展，就必須具備日本的一般性，因此無論願意與否，都會產生被內部而非外部潑「水」的結果，最終潑「水」者掌握主導權，而不得不將該組織與行動修改為以一般性為原則的型態，其結果就是卸下「布偶」。這種「父與子」化，也就是「丸紅」化保障該組織的永恆性、永續性、日常性，保障了該組織順利發展，同時，也必須付出失去特異性的代價。

現在的我們都明白，假如我們不確保「潑水的自由」就糟了，無論在組織內或組織外，這樣的想法都會產生作用，同時我們也都瞭解只要確保這樣的自由就可以安心了。但是我們都忘了這個「水」可以說就是「現實」，所謂現實就是我們生活中的「一般性」，而這個一般性又是醞釀「空氣」的基礎。而且，日本的一般性其實是「父與子相互隱瞞」的世界，不容許個人自由這種概念存在，所以才會藉由團體的情境倫理而形成一個個人絕對忠誠的世界。還有，前面提過這個情境倫理其實就是產生「空氣」的溫床，且其基礎就是「能夠自己創造情境」的創造者，即身為現人神的「無謬人」或「無謬人團體」。

27〔譯註〕二次大戰末期，日本陸軍假設盟軍可能會登陸日本在日本本土決戰，於是人民組成國民義勇隊進行竹槍訓練，目的是對付日後可能登陸的美國士兵。

28〔譯註〕一個共產主義武裝暴動組織。

透過上述的討論，可以說生存在情境邏輯與情境倫理的日本世界中，無論是「空氣」或「水」，都是我們的精神「糧食」。我必須說空氣與水其實是非常棒的呈現方式，因為就像人類生活不能沒有空氣與水一樣，我們的精神生活也少不了「空氣」與「水」。

證據是在戰後不久，多數談論「自由」的人最後就是致力於培養能夠行使「隨時可潑水的自由」之「空氣」。還有，因為忘了那樣的「空氣」也會被「潑水」，所以最後就只剩空氣與水。

3 關於日式的基本教義主義

一

二次大戰後的菲律賓戰俘營裡，有個常被使用的有趣說法「換顆腦袋」，簡單說，就是情況改變了，便要因應那樣的變化，轉換一切的思考、行動、舉止，以適應新的情境，也可以說是因應狀況，以臨在感理解新對象，並皈依新對象。將官的戰俘營在別處，我比較不清楚狀況，校官等級如大佐、少佐等，則都是安置在同一個戰俘營。幹部候補的少尉等，從一開始就是讓學生擔任，要改變想法比較沒有問題，但如果是只經歷過軍人生涯不知其他世界的這些佐官等級，相信大家都會認為他們無法輕易地「換顆腦袋」吧。然而，沒想到他們竟然能夠輕易做到這點，昨天的身分都還是連隊長的人，就如同表演完畢走下舞台的演員般，成為懂事又明理的慈祥老人，以微笑面對眾人。因此，尉官等級或幹部候補生也就理所當然的，立即回歸一般市民的身分。偶爾也會有例外無法立即轉換身分的人，那樣的人通常就會遭到「無法換腦袋的傢伙」等嘲笑與蔑視而被孤立。有趣的是，隨著回國的日子越來越近，又出現了一次「換腦袋」現象。

這些現象的轉換真的是變化自如，非常厲害。不過，有一天某位名叫赫頓的美國中尉問了我一個完全意料之外的問題，令我感受到某種衝擊。畢業於哈佛或某個非常知名大學的他有個「惡習」，就是想把俘虜的將校集中起來施以民主主義教育，無論是這點或是其他行為，顯現出來的就是那時美國年輕知識分子的樣貌。當時我在戰俘營附屬的木工廠擔任口譯，有事前來辦公室的他就會顯露其「惡習」，抓著我上起冗長的演化論課程。

那時我有點生氣。他顯然認為我完全不知道演化論，首次聽到「人類的祖先是猴子的理論」的我一定會非常驚訝吧。起初，我心想「沒辦法，就當是PW（俘虜）的應酬」而乖乖聽他講課，但是對方的教學態度讓我有點惱火，於是說了一段「關於演化論，日本在小學階段就教過了，日本又不是像舉辦猴子審判的美國那樣未開化」之類的話。然而，他不相信我說的。我內心極為憤怒「美國人實在是讓人受不了……」，我說達爾文、小獵犬號[1]、厄瓜多加拉巴哥群島（Galapagos Islands）[2]的調查等是演化論的開端，還說我小學時就在《兒童科學》（子供の科学）的少年雜誌上讀過這些故事了。

對方的神情似乎相當驚訝，但是接下來輪到我對他的回應感到訝異。因為他以一副無法置信的神情說：「那麼日本人能夠相信猴子的子孫是神嗎？你也相信嗎？」這次換我無法回答這個出乎意料之外的問題。他認定日本人因為「國定的國史教科書」而相信天皇就是現人神，是天照大神的直系子孫。不可否認的，日本確實有讓人民如此相信的資料，而且只要有這樣的教科書，演化論就不可能存在。這是他的前提。美國發生過老師在課堂上傳授人類是猴子的後代的相關知識而引發審判事件，從那種國家的角度來看，日本這個天皇必須提出「人間宣言」的國家不可能有演化論。的確，如果以這樣的邏輯來看，傳授演化論就等於傳授「現人神是猴子的後代」的想法。對於來自「人是猴子的子孫」演變成審判事件的精神結構之國的人而言，當然不可能相信有國家毫無抗拒地接受「現人神是猴子的後代」的說法。最後，他堅信演化論在日本應該是被禁止的，看來是試圖透過論證「天皇是猴子的後代，所以不是神」的說法來啟發我。身為對面方的我泰然自若地說，那樣的事連小學生都知道，所以他落入完

1〔譯註〕英國皇家海軍的雙桅橫帆船，任務是對南美洲海岸進行考察，達爾文曾搭上此艦擔任隨船博物學家。

2〔譯註〕達爾文在加拉巴哥群島考察後，重新思考物種可能的起源，並啟發他提出《物種起源》（*On the Origin of Species*）。

全無法理解的狀態。

應該有許多人被他的授課癖騷擾，但是在當時那樣的情況下，戰俘營裡的日本人幾乎沒人抗議也沒人反駁。說來，被迫聽演化論的課程，應該也不會有日本人反駁。最合理的反應是，因為這是國小或國中就學到的常識，所以多數人的心中都覺得「那傢伙，以為日本是很原始的野蠻國家。聽那樣的毛頭小子用一副了不起的態度上課，實在不想被他糟蹋」，因此只能一邊在內心獨自暗笑「又來了」，一邊聽課，沒辦法做出任何其他的反應。故而對方是基於什麼理由，專心為我們講授我們早已明白的事？我無法掌握那樣的前提。另一方面，以他的角度來看，既沒有該有的反應也沒有反抗，這點讓他覺得奇怪，完全不明白日本人表面上微笑的同時，腦中究竟想些什麼。因為他認為理所當然的前提是「現人神存在的世界裡不可能有演化論」，而他無法理解這兩者能夠「和平共存」的精神狀態。

因此，對方才會質問「現人神與演化論為何能共存？傳授演化論為什麼不會被判不敬罪呢？為什麼不會發生更嚴重的猴子審判事件呢？」。這麼一來，我根本無法回應，「慘了，早知會遭到這樣的反擊，就不該說出猴子審判的事」，當我這麼想時也來不及了，而且對方對於我知道猴子審判事件更感興趣，想聽聽日本人是如何理解該事件的。其實我看到該事件的報導時，內心確實覺得「美國人真是一群怪胎」。但是如果這樣回答，不知道對方又會問些什麼。重點是以我的英文程度很難回答那些問題，我便說戰俘營的兵隊中有宗教家、民俗學者，也有哲學家，去問他們！我說自己沒有辦法回答「現人神與演化論為何能共存？」這種艱澀的問題，藉此逃避對方的提問。結果當我這麼一說，換他無法相信陸軍一等兵中竟然有研究所出身的學者。最後兩人在什麼都沒搞清楚的狀態下結束這場談話。

我們至今都還以某種嘲笑的態度或是無法理解的詫異神情來看待猴子審判事件。然而，以他們的角度來看，現人神時代中沒有這類的審判，還能夠坦然接受演化論的這種狀態，才是令人無法理解的。為什麼呢？因為所謂先進國家可以說都有一個共通點，就是大概都進入了去宗教化的體制。對比這個體制之前的狀態，便會發現那裡有一個完全不同性質的世界。簡單說，日本並沒有一神教的神權政治制度（theocracy），而且自古以來幾乎一直生活在泛神論的世界中。在這個世界裡，沒有一神論世界特有的系統性思想體系，不是一個需要透過系統神學（systematic theology）這類神學的系統性思想體系治理的世界。在這個世界中，例如在哪裡以及如何將「演化論」安插進該系統性思想體系之內，就是個大問題，每個人只要合理地把演化論納入自己的系統性思想體系中即可，否則不管願意與否，就只會陷入否定聖經世界的演化論世界，或是否定演化論世界的聖經世界之兩難。另外，從外國的角度來看日本，「選擇現人神或演化論」在日本一定會成為問題，因為若選擇演化論，天皇制應該就會瓦解。他們認為天皇制沒有瓦解，應該是禁止人民接觸演化論的緣故，若要使日本民主化，消滅神明附體的極端民族主義，只要上演化論課程就可以了。然而，由於日本一開始就沒有這種一神論的系統神學概念，日本人的皈依能夠因應一神的概念，所以日本人也只能帶著微笑聽這樣的課程，別無他法。我們瞭解當時的情境，以臨在感去理解那樣的情境，就會因應情境「換顆腦袋」，不需要什麼演化論的課程，而對方當然無法理解這樣的狀況。

在此，先以美國前總統卡特的出現當成討論我們自己問題的案例，試著探索他們所謂神權政治的概念，因為這正是極難理解的猴子審判的基本概念。

二

那應該是五月底的事了，我與來日訪問的法蘭克・吉布尼（Frank Gibney）[3]談話，不知道為什麼，他說：「美國現在被南方浸信會（southern baptist）征服了。」對於他的發言，我含糊其辭地把話題轉到其他方向去。過了許久，我才察覺他指的是美國民主黨總統候選人吉米・卡特（Jimmy Carter）。一個人無論擁有多少知識，如果沒有將知識轉變成自己的智慧，就不可能做出立即反應，無法反應畢竟還是因為不明白問題的真正涵義。「南部浸信會征服美國」這種美國東部知識分子的反應或擔心是來自哪裡呢？背後有什麼故事呢？他以南部浸信會、基本教義主義者（fundamentalist），以及略有輕蔑涵義的簡稱——基本教義佬（fundie）等詞彙表現的「某種東西」，到底是什麼呢？那是不是美國的「原點」，而基本教義佬農場主人[4]卡特的超高人氣，則是回歸傳統美國原點的變動趨勢？一個基本教義佬能夠成為總統候選人，背後有著什麼樣的局勢發展呢？對我們而言，這或許是最難理解也最難進入的美國面向。

若東方出現某種新的徵兆，西方也會發生類似的情況。以色列的伊加爾・亞丁（Yigael Yadin）投入政界的參選聲明與民意調查，都獲得超乎異常的支持率。伊加爾・亞丁就不用多介紹了，他是考古學家、文物挖掘者，也是主持大型文物挖掘專案的知名領導者。馬薩達（Masada）、夏瑣（Hazor）、巴柯巴（Bar Kokhba）信件的洞穴挖掘

3〔譯註〕美國記者、作家與學者。

4〔譯註〕美國前總統卡特曾經營花生農場。

等，不用說都是極為知名的考古成就。他確實是獨立戰爭時的參謀總長，也是在艱困戰爭中巧妙贏得勝利的名指揮官。但是在達到完成獨立、確保和平的目標後，一九五二年他辭去所有公職，從此就在簡樸的日常生活中專心進行研究、挖掘、著作等工作，至今已經過了四分之一個世紀。以嚴格的定義來說，他從來就不是政治家，也完全沒有職業政治家的一面，無論從哪方面來看，都不會認為他是能夠應付困難局面的「高明政治家」。難怪我會強烈地感到意外，「到底為什麼這個人……」。

《新聞週刊》把他比喻為法國前總統戴高樂。確實，他也會批判目前政府的軟弱，乍看像是對阿拉伯強硬派的人物，但是其做法或許是戴高樂式的，在強硬中尋求妥協。不過，民眾對他的高度支持，比起他的政治手段，首要的理由，更因為他是「政權鬥爭中的一股清流」，其次是「國民從贖罪日戰爭（Yom Kippur War）以來，比起經濟成長、富裕的生活，更熱烈期盼回歸到以色列建國時簡單而純真的純樸氛圍，以及那樣的生活態度」。以色列雖然沒有發生洛克希德公司賄賂事件，但是這個「硬著頸項的百姓」非「一般」的「政治鬥爭」非常激烈，每個政客早已對於政治鬥爭感到疲累，四分之一世紀以來，國民看著這樣的政治生態，對於現存的政客充滿不信任與不滿。或許是因為這樣的時空背景，使得伊加爾．亞丁獲得人民的高度支持。對於中央政壇的政客不信與不滿，這種情況美國也有，只是以色列還是新興國家，所以「回歸原點！」的原點就在眼前，任何人都能具體看見。因此，被視為原點的象徵，也是獨立戰爭時的參謀長，後來成為單純學者而非政治家的伊加爾．亞丁，就正好位於「具體實現理想者」的位置。如果照這樣的研判，大概就能夠解釋他的超高人氣。

美國前總統卡特的人氣也看得到類似的樣貌。不過，從這些超高人氣誕生的明星，他們走的路不會比以往平坦。只是如果回頭看看日本，在各種面向上都看得到相同的「空氣」，但是實際上卻看不到嶄新的變化徵兆，例如一年前形同無名小卒的州長能夠成為總統，或者與政治毫無關係的學者以總理為目標投入選舉等。日本雖然有選舉，最後還是會得到選出來的首相「依舊沒變……」的結果，洛克希德公司事件的「政治性判決」最終也是雷聲大雨點小。但是，我們心中某處或許還在等待我們的「基本教義佬」，也或許擔心基本教義佬的出現而期待「自我淨化作用」。這些「期待」的內容是什麼呢？以色列的情況因為太過明顯，在此略過不談，我先來探索卡特出現的背景以作為參考，因為我認為日本無論從哪個點，或是何種表現方式，都會受美國影響或啟發。無論是哪一種，都無法否認日本會「跟著美國的腳步走」，所以我當然會聯想「尼克森水門事件→田中角榮貪污事件」、「尼克森下台→田中下台」、「卡特出現→？」等類似的發展。

前面提過，「基本教義佬」是對基本教義者帶有輕蔑意涵的稱呼。那麼，何謂基本教義主義呢？對日本人而言，這是最難理解的，故而日本人表現出「閉眼迴避」的新教徒（protestant）的一面，也因此日本國內可能完全找不到說明基本教義主義的書籍。在日本對於基本教義主義的瞭解就只有前面提過的猴子審判，也就是「因為違反《聖經》的教義，所以透過州法律禁止談論演化論」的主義。光是這麼說，想必也一樣只會出現嘲笑、否定的評價。不過，這麼想的人光是聽了國際基督教大學古屋安雄教授收錄部分南部浸信會教會的傳道內容，或許會覺得「這是另外一個世界」。在他們的世界裡，傳道內容是假設人類的歷史從亞當開始起算是四千幾百年（？），天地創造是在人類出現的前七天，月球上的岩石就算古老也應該在這個年代之內才對，所以宣稱月球岩石有幾億年的數據都是假的。然而，那個教派裡也確實有知名科學家與技術人員等身分的教友，我們難以理解的就是這點——也就是這些人是如何將演化論置入這樣的系統性思想體系？他們是如何養成雙重真理理論（double truth theory）的思考方式以作為論述基礎？因為對他們而言，「現人神與演化論」不可能毫無疑問地同時並存。

美國國內有稱為「聖經絕對主義」的地區，所謂「陽地帶」（sunbelt）的地區也被稱為「聖經帶」（Bible belt），這是政治上也不能忽視的地區。此外，鮮少人知道六成以上的黑人（統計上多少有誤差，另有一說是七成）是南部浸信會的教徒，解放運動鬥士馬丁．路德．金恩牧師亦是南部浸信會的「牧師」，也少有人知道解放運動是如何與基本教義主義結合的。我之所以寫「牧師」，是因為這個教派並沒有嚴格定義上的神職人員，信奉「信徒皆祭司」（The Universal Priesthood）主義，而且絕對拒絕政治勢力干預教會的運作，所以據說在此教派勢力強大的州裡面，州政府的統治權無法影響到教會內部。其他還有各種特徵，簡單說，可以說這個教派擁有最堅定且保守的新教（protestantism）信眾。這也是「基本教義佬」一詞所帶的微妙意涵吧。

他們有充分的理由相信《聖經》是「絕對無謬，一字一句都是神的話語，是無法改變的唯一真理」，可以說是「宇宙不滅聖典」。不用說，這正是宗教改革的起點，「教宗那樣說，但是《聖經》這樣寫」，這是改革者共同的立場，可以說他們把《聖經》視為絕對的權威，並且對抗人間的神代理人，也就是羅馬教宗的絕對權威。假如「《聖經》的絕對性」瓦解，自己的信仰也會隨之破滅，所以這是不可退讓的最後一道防線。也因此我們看起來奇怪的基本教義主義的背後，有著視《聖經》為唯一權威、典證，而持續了數百年沾滿鮮血的解放鬥爭，我們無法以嘲笑就輕易將其抹滅。

這樣看來，改革其實就是件很奇怪的事。試圖改革的人變成了一種超級保守主義，也就是跳過一千五百年的傳統，將其信仰起源的《聖經》絕對化，同時又創造了一種產生改革的奇妙關係。日本明治維新的「王政復古」[5]與此也有類似的傾向，非常有趣。因此，當人產生「想要改革」的意圖，這個想法本身就否定了迄今被視為「進步」的做法，也可以說否定過往的「Best and the Brightest」，那麼「南部浸信會征服美國」、「獨立後二十五年與政治、軍事、經濟成果都無關的」、亞丁要出馬競選等現象，也就不足為奇了。至於日本的情況又是如何呢？這是最後的問題，在此之前先來探索「基本教義佬」的軌跡，因為其中可能包含未來「美日談判史」所需的觀點——。

三

「聖經直譯主義」（Biblical Literalism）[6]的目標當然是神權政治。此外，結束馬丁・路德發起的宗教改革的是約翰・加爾文（John Calvin）[7]，在他生涯最後的二十四年，亦即四十一歲到六十四歲之間，發生了俗稱日內瓦神權共和國的統治，也是以《教會法規》（Les Ordonnances Ecclésiastiques）為基礎的嚴格統治時代，知名的米格爾・塞爾韋特（Michael Servetus）[8]在日內瓦被處火刑的事件，就發生在加爾文五十三歲時。英國清教徒受加爾文的影響甚鉅。後來的朝聖先輩（pilgrim fathers）[9]，在居住於荷蘭萊頓的時代，曾經針對加爾文主義（Calvinism）與亞米紐斯主義（Arminianism）[10]進行辯論，結果是更清楚地釐清自己的立場。辯論之際，他們的指導者約翰・羅賓森（John Robinson）明確地支持加爾文主義，與信奉亞米紐斯主義的西蒙・伊皮斯科皮烏斯（Simon Episcopius）進行了連續三天的公開辯論。關於此神學辯論的細部內容且先不談，不過如果從現代的角度來看，亞米紐斯主義是更為現代、理性的，從後來這個派別的雨果・格勞秀斯（Hugo Grotius）[11]對現代的自由主義、和平主義帶來的影響，

5 〔譯註〕江戶時代末期，幕府將軍德川慶喜上奏明治天皇，提出「大政奉還」，將德川幕府掌握的政權返還朝廷，但德川家實質上還是持續掌握實權。

6 〔譯註〕或稱「經律主義」，認為《聖經》字面上的意義並不具有任何隱喻與象徵。

7 〔譯註〕新教的加爾文派創始人，提出加爾文主義，號稱「新教徒教皇」。

8 〔譯註〕被加爾文以異端的罪名處死。

9 〔譯註〕早期自歐洲到北美建立新殖民地的人。

10 〔譯註〕由雅各布斯・亞米紐斯（Jacobus Arminius）提出的神學主義。

11 〔譯註〕近代西方思想先驅，國際法學創始人，被人們同時尊稱為「國際法之父」與「自然法之父」。

也可清楚看出這點。然而，美國建國的「神話前輩」們顯然就不屬於那個體系。

談到宗教改革時期的神權政治，還有一個運動不能忽略，那就是以神權政治為目標，由再洗禮派（Anabaptist）為主所進行的基進革命，從被稱為基督教基進主義、倫理狂熱主義，或是自《新約聖經》以來，基督教圈內的熱誠黨人（Zelotae）（熱誠黨＝反抗羅馬的領導者、極端主義者）的存在要素來看，都明顯看出就是基進的革命運動。再洗禮派與南方浸信會之間是什麼關係在此先不談，教會史的定論是兩者無論是系統、關係等都不相干，但是我本身並不接受這種表面說法。

再洗禮派這個名字並非該教派的自稱，而是別人取的蔑稱。因此，浸信會派也曾短暫被稱為再洗禮派，他們為了否定這點，在兩者之間做出了嚴格的區分。只是，如果一方是自稱，另一方就是他稱，從第三者的角度來看，無法否定兩個教派在某個面向具有共通性。無論如何，這個名稱是來自於他們否定幼兒洗禮，認為基於真正的自覺而接受洗禮的人才是真正的基督教徒。因此，再洗禮派也被稱為偽洗禮派。雖然這當中也有其他各種小派別，不過直接受到最大影響的是馬丁．路德稱之為「阿爾施泰特惡魔」的閔采爾（Münzer），同時受再洗禮派影響而發起的基進大改革與失敗，則是由若特曼牧師（Rothmann）所領導的「明斯特市起義」。只是，這也有各種不同的說法。

世人對於閔采爾的評價各有不同。確實，在某方面來說，他是德國第一位追求資產階級革命（bourgeois revolution）的人，另一方面，他是接受《新約聖經》〈約翰啟示錄〉中部分（第二十章二、四、七節）字義所寫，相信「千年至福」會出現的狂熱分子（至少從我等日本教徒的角度來看）。而且，那是我們稱為「西歐的資產階級革命」之內在、奇妙的一面。某種意義來說，閔采爾是全然的「純真」，從他的角度來看，天主教就不用說了，馬丁・路德等宗教改革者也都是偽善者。因此，他追究、告發馬丁・路德比對於羅馬教會的追究還更加嚴厲。對於閔采爾而言，路德以二分法看待世界，承認所謂「肉的世界」中封建領主的控制權，並以另一種秩序運作靈的世界，這是他無法認同的。閔采爾始終都以一元的觀點看待世界，積極主張反抗封建領主，也相信他腦中夢想的「原始基督教的共產制」正是「神之國」在人間的典範，被神選上的人，任務就是打倒人間一切的世俗權力，並依據前述的典範建立神權政治的秩序。閔采爾遍訪整個德國，發送傳單並聚集支持者祕密結社，後來成為德意志農民戰爭（German Peasants' War）中，最具革命性的教派。然而，閔采爾在弗蘭肯豪森（Frankenhausen）戰役中失敗被捕，並遭處死（一五二五年），推測享年三十五歲。以下我引用他責問路德的部分內容（摘自《原著宗教改革史》〔原典宗教改革史〕，YORUDAN社）。

〔這絕對是不得不為的辯護，也是對威登堡（Wittenberg）肉塊（路德）的答辯，他利用邪惡的方法偷走《聖經》，以如此不堪的手段汙染悲慘的教會，他不具有聖靈卻厚著臉皮活在這世上——阿爾施泰特人，湯瑪斯・閔采爾〕

……你，永遠之神的兒子！神賜給你的聖靈是沒有限量的（〈約翰福音〉第三章），從他豐滿的恩典裡，我們都領受了（〈約翰福音第一章）。神的靈住在你們裡頭（〈哥林多前書〉第三章及第六章、〈哥林多後書〉第一章、〈以弗所書〉第一章、〈詩篇〉第五篇），即使如此，你的聖靈注定只能被不受恩寵的獅子，亦即《聖經》學者們視為最邪惡的惡魔，而今願所有讚美、名聲、名譽、尊嚴與尊稱，以及所有光，都在你之內（〈腓立比書〉第二章）。……

這位重視功名更勝於任何人的《聖經》學者兼謊言博士（路德）隨著時間的流逝，越來越傲慢，在靈上面淪落成一名愚者，為了保全自己的名聲與安逸，利用你的《聖經》保護自己的身體，淨說些虛假謊話，就想與你疏離（〈詩篇〉第五十八篇），他表現得好像已經（經由真理大門的你）認識你，在你面前完全不知羞恥，徹頭徹尾鄙視你正直的聖靈，真是太奇怪了。想必他對於透過你而獲得救贖的你的手足，也就是我，感到極度的嫉妒、憤怒與無窮的憎恨。明明就沒有正當而真實的理由，在他那些專心嘲笑與鄙視且充滿憤恨的朋友面前，把我當成笑柄，在毫無私慾的純樸者之前，他不可原諒且可憎地指責我是撒旦或惡魔，以邪惡瀆神的判斷毀謗我、嘲笑我。然而，由於這樣的行為，他暴露了自己的真面目，再也無法隱藏。……當《聖經》極為清楚地宣揚其意義時，《聖經》賊人（路德）內心升起強烈的嫉妒並嘲笑之，把神的靈冠上惡魔之名。

整部《聖經》所描述的（正如各種被造物者證明的那樣），就只是被釘在十字架上神之子的事情。所以，透過摩西以及各預言者的預言，神之子從一開始就表明他的任務是必須承受苦難，進入天父的榮耀。〈路加福音〉的最終章也清楚記載這點。……

心懷厭惡的聖經學者們都無法認清這一切。這是因為雖然他們當然應該這麼做（〈詩篇〉第一一九篇），另外雖然耶穌也是奉命而來（〈約翰福音〉第五章），但是他們沒有試圖透過自己的內心與心靈深處來探究《聖經》。雖然他們說關於《聖經》，他們擁有基本常識，但那就像是模仿製鞋者製作皮鞋，只是糟蹋皮革的猴子把戲而已。……今日的《聖經》學者所做的事與昔日法利賽人一樣，他們宣稱擁有《聖經》的知識，胡亂寫了許多各類的書籍，有時還會口中念念有詞「……要相信、要相信！」，而且還否定信仰的起源、嘲笑聖靈，恐怕是什麼都不信吧。……

這個變節者（路德）瞬間攻擊義人，愚蠢地理解保羅……我會把這些都說出來。即使如此，他還宣稱自己是地面上最聰明的人，以無人與他一樣聰明而引以為傲。他甚至大聲指出追求聖靈的人們都是狂熱信仰的靈，就算聽到靈說的話，看到靈寫的字，他也聽而不聞、視而不見。……他說「真心相信吧」，但是他不知道信仰需要什麼。……我是正確對待《聖經》，正確連結《聖經》最初的部分，努力達到耶和華潔淨的道理（〈詩篇〉第十九篇），並透過《聖經》裡的每句話宣揚敬畏神靈的人。住在威登堡的變節肉塊沒有宣揚神的命令，也不知道經由聖靈的懲罰後才得以全面體驗信仰的起源（〈約翰福音〉第十六章），與神簽訂新契約的這種欺瞞手法是不被允許的。……

就如你們看到這個詭計多端的烏鴉（路德）在書中攻擊我的一樣，試圖奉承變節者的惡人們、始終擁護他們的各種事項，我都要公諸於世。從這樣的態度就可清楚看出謊言博士沒有住在神的帳幕中（〈詩篇〉第十五篇），因為變節之徒不會遭他輕視，相反地，由於他視變節者為同志，多數敬畏神的人們反而被罵是惡魔或製造動亂的惡靈。而且，黑色烏鴉非常清楚這點，他為了取得腐肉，從豬頭挖出眼睛，藉由對他們寬大，使沉迷於現世安樂者遮蔽雙眼，藉此從他們手上拿到名譽、財產，特別是最崇高的尊稱。……

即使如此，這位卑躬屈膝的老爹、寬大的同志來找我，說他們從我給礦夫們的信中看出我打算興亂的意圖。他只說出一件事，但是最具決定性的事卻沉默不語，那就是我在君主們面前擁有全社會的劍力與司鑰權，我如此清楚陳述自己的意見……我說君主們不是劍的主人，是劍的僕人，他們不應隨心所欲（〈申命記〉第十七章），必須做出正確的行動才行。……

這個可憐的阿諛奉承者（路德）捏造恩寵，利用基督之名保護自己，然而這種做法背離保羅所說的話（〈提摩太前書〉第一章）。他在交易相關的書中（路德的論文《關於商業與高利貸》）說「君主們放心地與盜賊及強盜來往」，不過他在這本書中卻絲毫不提發生竊盜的各種原因。他透過流血的預告，為了世上的財物殺人並因此獲得感謝。但是，他做這些事並非來自神的本意。請張開眼看看，高利貸、竊盜、強盜的根本原因，是我們的統治者或君主，他們拿取各種被造物並納為私有。也就是說，水中的魚、空中的鳥、地上的作物等，都必須屬於他們。不僅如此，他們向貧窮人們發出神的命令，說神命令「你不得偷竊」。不過，這樣的事對他們沒有助益，因此他們強迫所有人，貧窮農民或工人，甚至一切生物，徵收苛捐雜稅（〈彌迦書〉第三章）。就算犯了微不足道小罪的人，也一定遭到絞殺。針對這些事項，謊言博士只說「阿門」。是統治者自己親手撒下窮人變敵人的種子。他們不打算除去叛亂的原因。時間過得越久，事態就不可能有好轉的機會。當我一這麼說，他們不容分說就把我視為叛亂分子。

惡魔試圖違逆基督與基督的僕人，籌劃極其狡猾的計謀（〈歌林多後書〉第六章及第十一章）。惡魔有時會使用諂媚的慈愛態度，利用基督的話擁護背信之徒的路德即為如此。又有時會使用可怕的嚴厲手段。不過，這都是以欺騙的正義為藉口，只為了得到世上的財物。……惡魔瞧不起父的律法，把基督的慈愛這種貴重寶物當成手段，在大官面前奉承並拿出神子的寬容，毀滅天父與其嚴格的律法（〈約翰福音〉第十五章及十六章）。由於無視聖靈對律法與恩寵之區別，一方否定另一方，最終形成世上幾乎沒有正確認識（〈耶利米書〉第三章）的狀態。因此，基督一心寬容，就算背叛神的基督徒任意折磨他們的兄弟們，神也會考慮原諒他們。……

謊言博士精彩論述他的教導有多公正以反駁我，接著說想挖出一切。但是，傳道對他而言畢竟不重要，因為他說宗教的派系是必定存在的，他也請求君主們不要妨礙我傳教。對此，我希望路德以言語行動，在世人面前公開審問我，與我對決，像這樣只以言語行動，別無其他。然而，實際上他完全做出相反的事，他把君主們推向前，自己躲在陰暗處。事實上，這是他的陰謀，是為了不讓大家說「路德他們自己是否試圖迫害福音？」他們應該讓我傳教，而非禁止我傳教。儘管如此，我還是被命令要有所節制，也被禁止印刷文字或書籍。……

如果你（路德）是救世主，你一定是位奇怪的救世主。基督把榮耀歸於父（〈約翰福音〉第八章），說：「我若榮耀自己，我的榮耀就算不得什麼」。然而，你要求奧拉明德（Orlamünde）的人們用崇高的尊稱稱呼你。（與烏鴉相稱的）你盜取神子之名，希望獲得你的君主們的感謝。你這個高學識的卑劣者！神在〈以賽亞書〉第四十二章說的話，「我必不將我的榮耀歸給假神」，你沒讀過嗎？你無法像保羅在〈使徒行傳〉第二十五章中稱呼非斯都的名字般，直接稱呼高位的人嗎？為什麼你稱呼這些人為尊貴的君侯？如此尊貴的稱呼不是他們的，是基督的（〈希伯來書〉第一章、〈約翰福音〉第一章及第八章）。

……要知道羞恥，卑鄙的男人！你試圖稱義（justification）所有人。而且，你不就是透過這個作為，奉承討好這個迷失的世界嗎（〈路加福音〉第九章）？然而，你內心非常明白應該譴責的對象。可憐的修道人、出家人等，以及商人們，他們就算被你譴責也無法為自己辯護，所以你能夠放心地責罵他們。相對的，你認為就算背神的統治者腳踩基督，任何人也不能評斷他們。為了滿足農民，你寫下君主們將因神的語言而滅亡，另外……還說君主們會從王座上跌落。……然而，你先前咒罵過君主們，現在又能夠再次討他們歡心。因為身為新教皇的你贈送修道院及教會給他們的緣故，所以他們對你的作為感到滿足。……我能夠向你證明你利用筆墨向多位正直者毀謗中傷我。你透過毀謗，公然譴責我是惡魔。其實你對於各種反對者都使用相同手段。……

他把神的話裁剪成許多無用的胡言亂語，作為嘲諷的種子，提到我把神的話稱為天堂的聲音，提到天使與我說話。對此，我的回應是，關於全能的上帝對我所做的，對我說的，我已經透過神的見證、根據《聖經》而告訴人們了，除此之外，我沒有什麼自豪的。針對神意，我不會試圖加入自己的臆測傳教。如果我這麼做，我會很樂意受到神與祂所愛的朋友的懲罰。而且，我也做好心理準備，為神與祂所愛的朋友承擔責任。但是，對於那些嘲諷者，我絲毫不感到內疚（〈箴言〉第九章）。……

德國的貴族可以感謝你堅持站在沃姆斯（Worms）帝國議會[12]上辯論，

12〔譯註〕在沃姆斯帝國議會上，馬丁．路德為他在威登堡發表的九十五條論綱，向皇帝卡爾五世提出辯護。從此沃姆斯成為宗教改革運動中心。

因為你確實以純熟的技巧撫摸貴族的嘴，給他們蜂蜜。也就是說，貴族們在你的傳教中一味期盼，你會給他們波西米亞風格的禮物，那就是修道院與教會，雖然這原本就是你答應要送給君侯們的禮物。所以，假如你在沃姆斯稍有鬆懈，那麼在你被釋放之前就會被貴族取了性命吧。任誰都知道這事……如果可以，我希望聞到上帝用祂的憤怒在一個燒開的鍋或碗裡燒毀你傲慢的味道（〈耶利米書〉第一章）。……

謊言博士呀！你這隻狡猾的狐狸呀！你利用謊言使神不感到擔心的正直之人沉浸在悲傷中。透過這樣的做法，你增強了變節惡人的力量，使他們經常能夠停留在以前的道路。因此，你將與被捕的狐狸走向相同的命運。人民將會自由。還有，只有神才是人民的主。

然而，這樣的閔采爾還是遭處死刑。四年後出現於明斯特市的若特曼牧師就是從路德派轉為再洗禮派，召集同志後逐漸獲得勢力，最後掌握該市實權。他建立市民軍，將所有與之對立的天主教聖職人員、修道士及反對者逐出明斯特市，同時也開始進行積極的改革行動。該市被負責監視的軍隊重重包圍，不過他們相信千年至福即將實現，過著一切平等的共產主義式生活並實施一夫多妻制，若特曼本身就擁有九名妻妾（頗有意思的是英國清教徒浮囂派〔Ranters〕也主張性愛自由），雖然目標是貫徹神權政治，但是由於糧食的缺乏、狂熱支持者成為暴徒等因素，不到一年的時間，明斯特市就失守並敗退。大多數的「暴徒」遭到虐殺，下場悽慘，這就是人稱的「明斯特市的大衛王國暴動」。再洗禮派受到新、舊教派兩方的鎮壓，光是遭處死刑的人估計就達六、七萬人。

再洗禮派中，還有另一個與閔采爾風格不同的門諾會，其領導人之一引進荷蘭人門諾．西門斯（Menno Simons）的思想體系，目前在美國約有三十五萬人，形成一個獨特的共同體。政治學家勝田吉太郎教授針對此教派做了詳細介紹，在此就不贅述了。

當然，朝聖先輩們決定渡美的時代，距離那些混亂時期也將近一世紀了，那時候蒙田（Montaigne）、塞萬提斯（Cervantes）、雨果（Hugo）等新思想已經誕生，在他們渡美十七年之後，笛卡爾提出《方法論》。因此，不能否認待在當時自由主義與理性主義盛行荷蘭的十二年之中，他們的思想受到了深刻的影響。不，倒不如說由於這個深刻的影響，擔心自己的後代子孫可能會遺忘他們的清教主義（其弟子中甚至有人成為荷蘭軍的傭兵），借用他們的記錄文字來說，就是擔心「被世俗大海包圍的信仰一孤島」，可能會被荷蘭這個「世俗世界」埋沒並消滅。文字上記載這樣的擔心是促使他們離開荷蘭前往新大陸的最主要動機。然而，這並不意味著他們沒有受到理性主義的影響。不過，新大陸也不是沒有類似閔采爾的事件，現在的美國也不是沒有閔采爾這種傾向的人。

四

不過，我們在此會產生一個「困惑」，類似看到閔采爾的事蹟時所產生的，這個「困惑」就是接觸「基本教義佬」的學者，特別是知名科學家或醫師時，會產生的「困惑」，以及聽到這些人公開說「正因為《聖經》是絕對的，所以我們不會犯下科學是絕對的錯誤。因此，我們能夠從擺脫美國現在正在犯的錯誤」，我們會產生的「困惑」；當然也是看到吉米．卡特這種如彗星般突然出現的耀眼人物時，會產生的「困惑」。

如果只看某一面而忽略其他面向，很容易定義閔采爾是最早追求德國資產階級革命的人。事實上，他是站在農民的立場、職工的立場，終其一生為他們戰鬥。奉行被稱為「茨維考的預言家」閔采爾主張的革命者當中，也有像是尼可拉斯．施托赫（Nikolaus Storch）這類的紡織工人。然而，實際驅動他們行動的，並不是為了追求「理性」，只是基於千年至福說的理想、直接的靈感這種神祕主義的衝動，以及據此而生的宗教狂喜（ecstasy）所引發的直接行動而已，從前述對馬丁・路德的責問即可明顯看出。此外，若說這是兩個面向，我們大概也只會說「我們是這麼區分看待的」，不過閔采爾則認為這兩個面向是「不可區分的一個基本法則（fundament）」。如果檢視這個事實，以及他自己是澈底一元論者並抨擊主張二元論者的這個事實，其中的關係看起來大概就只是「讓人澈底追求一元理性的原動力，其實是最不理性的原始力量，若失去這個力量，對於理性的追求也就消失，若這種力量被絕對化，理性也會消失。而且，這個力量並非新產生的，倒不如說是存在於最保守的傳統之中」。這種奇妙的關係也存在於奉行基本教義的知名科學家身上，他們堅定主張「《聖經》裡的一字一句都是絕對無誤的神的語言」。簡單說，被我們視為完全不同性質的「常識」等兩種元素，在一個人的人格中自然地合而為一。因此，我們無法深入理解這樣的「困惑」，無法繼續前進。這樣的狀態非常類似他們接觸到前面提到日本世界的並存現象時，困惑而無法前進的狀態。

看到上述的說明，質問朝聖先輩追求的是神權政治或民主體制的這個問題本身，就跟質問閔采爾一樣，都是沒有意義的。可以說，對他們而言，追求理性與《聖經》

的絕對是一體的，為了將兩者合為一體以成為一個理性且系統性的思想體系，神學就成為必要條件。因此，所謂理性與《聖經》的神權政治不見得一定要以宗教與科學的型態對立，他們的概念是對一方的追求最終實現了另一方。科學家身分的基本教義者幾乎都有這種共同的想法，這似乎是清教徒的思考起點。

當然，「朝聖先輩的故事」只不過是「神話」，應該視為「美國建國神話」。然而，實際上控制著被稱為國民的人的是「神話」，而不是事實。既然「天孫降臨」[13]的建國神話與「維新神話」控制了戰前日本人，與這些神話同體系的「戰後神話」又控制了現代人，難怪「美國的天孫降臨神話」也會控制美國人。他們是「帶著羅賓森的『神敕』降臨在美國這塊土地上的天孫們」。此外，對他們而言，那塊「國神」[14]所處的土地就是原住民居住的「應許之地」，在那裡建立的秩序就必須是「新耶路撒冷」。那麼，他們是得到了什麼「神敕」，又「降臨」建立了什麼樣的秩序呢？

他們的領導人，在亞米紐斯辯論中支持加爾文主義的羅賓森，因為年歲太大而斷了渡美的念頭，留在萊頓終老。如此高齡的羅賓森在長老威廉．布魯斯特（William Brewster）的指示下，搭乘史佩德威爾號遠抵英國南安普敦，為在此搭乘五月花號的先遣隊讀一段《聖經》作為告別並傳道，其中的部分內容被當時的團員記錄了下來，至今仍保留著。

羅賓森唸的是《舊約聖經》〈以斯拉記〉第八章二十一節，「那時，我（以斯拉）在亞哈瓦河邊宣告禁食，為要在我們神面前克苦己心，求他使我們和婦人孩子，並一切所有的，都得平坦的道路。」傳道的結尾說「……因此，各位也要對神，以及對彼此為以下的事情立誓，亦即各位要接受《聖經》上記載的神的話所表明的一切真理……」。

羅賓森在傳道的前文與最後結尾的中間到底說了什麼？不得而知，不過，就算沒有留下任何記錄，不，就算他什麼都沒說，對於被稱為「聖經人」（Bible men）的子孫，作為只以《聖經》為唯一絕對的權威，且「仔仔細細」研讀《聖經》的人們而言，他想說的也一定是顯而易見的。因為，〈以斯拉記〉的這一節，記錄的是被虜的猶太人從巴比倫亞哈瓦河畔回到巴勒斯坦，在那裡建立新耶路撒冷，也就是新秩序的「以斯拉革命」最開始的部分。以斯拉正打算出發前往現在稱的「應許之地」，為了向神祈求路

13〔譯註〕在日本神道信仰中，太陽女神「天照大御神」的孫子「瓊瓊杵尊」，從高天原降臨日本。降臨時，天照大御神授予瓊瓊杵尊三神器，並與之約定世代統治日本，這就是天壤無窮的神敕，也因此日本人自稱為「天孫民族」。

14〔譯註〕日本神話中對於諸神的分類之一，也稱國津神、地祇等。

途順利而進行斷食。布魯斯特一行人即將出發前往現在所謂的「新大陸」，而羅賓森把他們比喻為以斯拉等一行人。因此，接下來在「應許之地＝新大陸」中，當然會發生新的以斯拉所該做的事，不用說，領導人布魯斯特也明白這點。「以斯拉革命」始終都是以「民眾」為支持力量，以民眾為基礎所進行的革命，不使用所擁的武力或是類似武力的手段，始終都是透過言論尋求民眾的支持。這樣的呈現方式是非常「民主」的。以斯拉在巴勒斯坦沒有任何地盤，既非祭司也不是預言家的一般人（普通教徒），這樣的以斯拉站在民眾前面，給民眾看他帶來的律法《妥拉》（*Torah*），講述自己國家的歷史與傳統，說明恢復律法並對律法忠誠，藉此獲得民眾的絕對支持。因著這樣的背景，神殿放逐部分「一時之選」的知識統治階級，亦即祭司階級，也令部分的人順從，並與另一改革者尼希米共同建立神權政治國家，這是整個故事的經過。然而，如果以負面角度來看，也可以說這是典型「透過煽動獲得民眾支持」的行為。而且，最早出現的「演技」是呈現了對於非傳統、非倫理行為（以當時的感覺來說就是水門事件的行為）的強烈悲嘆。

針對這個事件進行歷史鑑定原本就是非常困難的，有的學者把以斯拉回歸的年代定在西元前四百五十八年，也有人定在西元前四百二十八年，或是西元前三百九十七年等，依著定位的年代不同評價也各有好壞。不過，若是定位在西元前三百九十七年，在波斯聯邦內其獨立確實獲得承認，也擁有貨幣鑄造權，現存最早的青銅貨幣「猶太古幣」就是那時鑄造的。另外，猶太這個名稱也是從以斯拉時期開始使用的，傳說中也把以斯拉視為拉比的創始人。然而，這些說法始終都是《聖經》研究學家的說法。對於朝聖先輩而言，這些記錄都是神的指示。因此，在此我想提的是這個「以斯拉革命」的做法，以及以斯拉革命即為美國「天孫降臨」的神敕這點，還有從這個以斯拉革命聯想到羅賓森的傳道結論「……為以下的事情立誓，亦即各位要接受《聖經》上所記載神的話所表明的一切真理……」這點，也就是秩序的根本。

到底這算是神權制度還是民主制度呢？至少以斯拉革命本身也無法說因為受到民眾支持，所以就是民主制度。那麼朝聖先輩他們呢？這個問題恐怕就跟質問閔采爾「你追求的是資產階級革命？還是〈約翰啟示錄〉的千年至福？」一樣，可能一點意義也沒有。的確，朝聖先輩們沒有表現出在那之前一世紀所演出的那種狂熱、狂躁狀態。然而，在一個人的認知當中，神權制度與民主制度是很難區分的理念，在這點來說，兩者之間不容易看出差異。假如以斯拉革命是一個預示，那麼差別就只在於「手段上」的合理性而已。因此，只要在這個以斯拉神權政治的傳統延長線上，國民找到某個轉機並且像以斯拉那樣採取行動，就算是如彗星般突然出現的人，也能夠登上「神殿」吧。然而，如此形成的民主神權制度成為完全的律法主義[15]，如果像以斯拉那樣，禁止與異教徒通婚、強制已婚者離婚並放逐妻子，藉以確保「純真」的話，那麼透過法律制訂禁止飲酒的「禁酒令」也就不足為奇了。美國確實也有逾越合理「法律界限」的「禁酒令」之前科，另外若從此觀點來看原田統吉[16]的《CIA的邏輯與倫理》（CIAの論理と倫理）會覺得非常有意思。事實上，CIA的歷史奇妙地混和了美國式的神權政治、理性民主制度、千年至福的狂熱主義、資產階級革命，以及道德外交等。那樣的超倫理主義呈現出奇特的樣貌，從被執行法令者的角度來看，那樣的殘酷樣貌讓人想稱他們為「明斯特暴徒」的後裔。

不只是美國，歷史上的一九三三年對於多數國家而言，也是一個轉變的年份，希特勒內閣成立、羅斯福就職總統並實施「羅斯福新政」、美國承認蘇聯，以及日本的松岡洋右外交官代表日本退出國際聯盟。從那年至今，已經過了將近半個世紀，在這段時間中各國的走向各有不同，雖說時間不一致，不過多數國家與戰爭勝負無關，也陸陸續續從某種神權政治轉變為理性主義的民主制度。這個民主制度在各國產生了某種「理性萬能信仰」，不可否認這樣的信仰是這半世紀以來的指導原則（因各國轉化時期的不同，各國轉化時間也各有長短），而且甚至成為所謂低開發國家的指導原則。

但是最早轉向理性，相信能夠在經濟理性的基礎上尋求政治、社會的理性，並藉此超越過去的美國國土，對理性的萬能信仰已經瓦解。國際基督教大學古屋教授針對「基本教義佬」的出現就指出這點。也就是說，該國最頂尖的知識團體，以某種如「權威」一般的態度面對國民的這些「一時之選」，在各方面經歷嚴重失敗，這種幻滅感、挫折感迫使他們進行改革。然而，在他們的傳統中，改革通常是宗教改革，也是以斯拉革命，是「回歸基本教義佬……」的極端保守主義（reactionism）。這就是以「堅定基本教義者」為基礎的吉米．卡特這顆彗星的出現，同時也使得東部知識分子感嘆「美國現在被南方浸信會征服了」。同時，在某個時間點也使得理性主義者產生某種無力感，對於那樣的以斯拉革命的方向束手無策。不過，追求理性的「力量」是非理性，假如把那樣的非理性「去勢」就是追求理性的話，最終就會淪為「文字遊戲」。在這遊戲中就算符合「文字邏輯」，實際上也起不了作用，這不就是宗教改革以來的原則嗎？假如光靠追求理性的邏輯就已足夠，閔采爾就不可能存在，也不會有力量把帶著羅賓

15〔譯註〕一切以律法為依據，將規條淩駕於上帝與人之上。

16〔譯註〕二次大戰中曾從事間諜工作，戰後活躍於企業界，也發表諸多評論與著作。

森「神敕」的朝聖先輩們推向美國。若他們將此力量視為《新約聖經》以來熱誠黨存在的要素（這是以斯拉革命的起因吧），那麼理性也只不過是對該力量的剎車裝置，理性本身就算能夠說明什麼，應該也無法付諸行動。因此，如果是付諸行動的「改革」，向「基本教義佬」尋求改革也就合理了。這樣的心情跟以色列的伊加爾・亞丁出馬競選的心情是一樣的。當然，兩者都不知道最後的結果會如何——。

五

或許可以說，無論是西方或東方，這世界睽違半世紀後迎來了這樣的轉機。然而，別人的事終究是別人的事，雖說他們對我們帶來極大的影響，但是他們畢竟不是我們。究竟我們的「基本教義佬」在哪裡呢？戰後嗎？明治嗎？不，更久之前嗎？有個美國人批評「日本人對於憲法的態度，宛如基本教義者對於《聖經》的態度」，這個批評在某種意義來說是對的，在另一種意義來說則是不對的。對日本人而言，以「雖然教宗這樣說，但是《聖經》那樣說」的形式，根據憲法對抗絕對權威的歷史看起來有，但其實並不存在。「法」沒有產生閔采爾，也沒有透過千年至福的能量激起追求資產階級革命的衝動，因為「法」可說是理性的象徵，就算能夠成為非理性的「控制裝置」，其本身也不可能成為改革什麼或自我毀滅的「力量」。因此，守護「不滅的聖典」或「和平憲法」的想法，就算意識到控制裝置將被某種「力量」破壞、已經部分被破壞，或即將完全被破壞，也沒有意識到其實追求一個新的理性時，某種非理性的「力量」會產生作用，所以這股「力量」需要新的理性這樣的新控制裝置來牽制它。

或許這就是我們的「基本教義佬」吧。回到前頭，如果再度引用法蘭克・吉布尼的說法，可以說那就是伊藤博文這種「天才」所規劃的路線。

他說伊藤為了調查憲法而遍訪西歐，「知道基督教傳統與西歐憲法的結合是難以分割的」。的確，閔采爾的「追求資產階級革命與千年至福說」難以分割，羅賓森的「神權政治與民主制度」難以分割，基本教義者的「《聖經》絕對與理性」也難以分割。不過，對於這「難以分割」的東西，伊藤認為能夠只把理性的部分「分割出來並帶回日本，也鑽研執行方法」，他說這只有天才才想得到。

沒錯，以他的角度來看，有這種想法的人或許是「天才」，但是從我們的角度來看，伊藤絕對比不上的天才新井白石[17]，早就已經提出相同想法了。而且，白石走的才是

17〔譯註〕江戶時代的政治家，學者。

傳統路線，並且是沒有人會質疑的常識，伊藤博文則是典型盲從傳統的常識人，因為西歐憲法與現人神並存，就類似演化論與現人神並存的關係。由於我們理所當然地認為二者能夠分離、輸入與並存，所以對於同為基本教義者的科學家感到困惑、對美國神權制度的一面感到困惑、對資產階級革命對抗之中《啟示錄》的千年至福能量感到困惑，於是捨棄所有感到困惑的那一面，視而不見直到現在。而且如果以否定的態度看待對方，就會再度切割該部分並強調該部分。無論是如何出現的，就是採取「不看某一面」的態度，到最後就變成「不看」。原本如果真正去面對，戰後就不會直接沿襲「伊藤博文」的天才路線，只分割並引進美國型態的憲法便覺得滿足。

明治憲法頒布時，本來或許擁有其理性與某種實用性（特別是對外炫耀）。不過，其目的並非為了站在日本的非理性之上，控制其「力量」並將其轉化為改革。因此如果憲法的力量強大，非理性就會自動抑制轉向理性的活動力，轉變為大正的無目的性（也可說是三木[18]內閣的無目的性），也不得不內化非理性。然而，因為內化的非理性同時也是外在／內在的主因，所以當它轉化成想要解決某事的「力量」並開始暴走，那部憲法就無法發揮控制的力量，實質上就成為一紙空文。這就是我們一路走來的道路。戰後在結算這樣的失敗時，我們又做了同樣的事，認為把憲法如「護身符」般維持住就沒問題，並將這樣的「神話」原封不動承續下來。

以我們自己來說，傳統理性與非理性是結合在一起的，低開發國家試圖只抽出理性來發展自己國家經濟的方法，可以說毫無例外都以失敗告終。而且，我們把那樣的失敗視為理所當然，沒有意識到我們在某方面也做出了同樣的行動，並且也失敗了。

從「出版品」來看戰後日本人的意識，大致可分為兩個時期。一個時期是二次大戰結束到一九六〇年簽訂《美日安保條約》的意識，就如弘文堂雅典娜文庫的廣告所描述的，那是一個「生活簡樸，理想崇高」的時代，俗稱「海神時代」。六〇年美日簽訂安保條約之後（有一、二年的落差），日本人的意識一改而變成「生活豐富，理想低俗」，是實用書籍、生財之道到經營學風行的時期，站在最頂點的是各種《田中角榮傳》、《日本列島改造論》。可以說「生活豐富」成為絕對的價值，就算住在豪宅、擁有名貴的錦鯉，就算屋主「理想低俗」也完全沒問題，因為在那個時代，那樣的人也可能是受人仰慕的英雄。

如果「辯證法」是可信賴的，那麼意識的「正」與「反」之後就是「合」，所以接

18〔譯註〕指三木武夫，田中角榮因為洛克希德事件下台後繼任的首相。

下來就是「生活與思想都變高尚（低下？）」的狀態。有趣的是明治時期也有這樣的轉變，大正時期就是進入某種「合」的時代。然後這個「合」遭到新的非理性打擊時，國內的所有勢力就會進入實際上「完全不知該做什麼」的狀態，那個非理性在失控的狀態下奔向某方。這時，「伊藤博文」路線也已經無力，因為完全沒有控制非理性、將非理性轉化為改革的控制裝置，也沒有以非理性為基礎的控制裝置。因此，所有組織都處於無法做出任何行動的虛構狀態，只能四處亂竄。

我們從某處得知這樣的狀況，經常擔心害怕，就如同在軍事力的時代中，分割並輸入的理性與控制裝置無法控制「軍事能量」，同樣的，在經濟力的時代中也無法控制「財源能量」，這樣繼續下去的話，未來恐怕也無法控制。人們預測如果舉辦選舉，「金權首相類的人物」將會透過民主制度的「洗禮」進行「漂白」並且重新登場，而這些預測也都猜中。此外，這類的預測內容也經常成真。為什麼會這樣呢？戰後民主主義者的「基本教義佬」也有著與之難以分割且緊密結合的某種「神權政治」的絕對性，而且輸入的理性無法控制從非理性的絕對中所產生的力量。

感覺到無法控制時，首先出現的做法就是把輸入的控制裝置絕對化，藉此在各方面封殺、遏制這個「力量」。大正時代是那麼做的，二次大戰後也是，而負責執行這個任務的就是「在野黨」。而且，戰後的方向是只要封鎖軍事能量即已足夠，遭封鎖的能量轉向並發揮其非理性力量時，如果有任何因應此非理性的控制裝置，就能夠轉變為改革行動，無奈沒有人有這樣的想法。因此，此力量經常是透過「空氣」帶來極端的改變，再透過「水」改變，像這樣一再重複而已。

不看外在的基本教義佬傳統，也不可能看到自己的「基本教義佬」。而且，如果一再重複，總有一天自己會失去力量，與其說是進入「『思想』與『生活』合一」的平穩狀態，不如說是停滯狀態，屆時鎖國社會將可能重現。這樣的方向確實存在，但似乎不可能實現。若是如此，我們就只有重新理解自己的「基本教義佬」，別無他法。

那麼，所謂的「基本教義佬」指的到底是什麼？如果忽略之，我們可能就會常常重複同樣的狀態。若想預防這樣的情況，就只能探究與我們的理性難以分割且密切結合的神權政治的要素，並且自己創造神權政治的控制裝置。雖然這似乎與美國的神權政治極為不同，不過也似乎是極容易受到他們的神權政治影響的要素。那是與「神前平等」對比的「一君萬民、家族平等」，是基於此平等主義的一個倫理主義，也是對能夠強行該倫理主義的「強權」的喝采。不過，其基礎的絕對制並非像他們那樣把教義（dogma）絕對化，倒不如說是以家族的相互主義為基礎，將自己及所屬團體絕對化。

於是，我等進行一個絕對化的同時，可能也最討厭「教義」這個詞彙。正因如此，為檢方喝采的國民，同時也可能投票支持利用「金權」實力，影響對金權首相選區「服務」的這種「倫理主義」的政客。

假如我們也回歸自己的「基本教義佬」，試圖從中引導出任何改革，首先應該討論的似乎就是這點。不只是選民，學者也一樣。

就如基本教義者的科學家使我們感到「困惑」一樣，讓他們「感到困惑」的日本科學家的「科學問題」，最終決定是交由「一般性的教義決定」，除了有「父與子互相隱瞞」的倫理優先之一面，另外也有因科學非萬能所以同意這點的一面。這些最終會表現在最不講求邏輯的政黨所擁有的理性上。

簡單說，這就是醞釀空氣、潑水，水形成的雨將系統性的思想體系全部腐蝕並分解，每個人在各自的一般性中分解吸收，同時呈現於表面的「話語」也讓互相矛盾的狀況自然地並存。這恐怕就是我們各種體制背後的神權政治，不過這個神權政治的基礎或許是泛神論，因此，應該將這樣的制度稱為泛神論的神權政治。

我們對於這種並存型態並不感到矛盾，這就是我們的基本教義主義吧。那麼那樣的體制到底是怎麼一回事，有什麼樣的缺點，未來將如何作用，怎麼做能夠克服那樣的缺點等等，這就是我們要面對的問題。

六

日本人「以臨在感理解情境，因此行動反而被情境控制，在這種情況發生之前，就算以邏輯系統論證那樣的情境，人們也不會有所動作，然而能夠瞬間因應情境這點，倒是還滿天才的。」日本知名人類學家中根千枝以極有趣的說法歸納，「身體碰到熱的東西，咻地因反射動作而閃開，在此之前無論別人如何解釋那就是熱，人們也不會接受。不過人體咻地做出反射動作的應對實在巧妙，因為這樣就不會受到嚴重的傷害」。

石油危機時，日本的應對方式真如前面那段話所形容的，如果回顧過去，面對汙染問題時也一樣。我們確實有這樣的傾向，也不得不說未來當然還會發生相同的情況。我們面對情境的變化就算能夠做出反射性應對，也不可能對以語言預測的未來情境做出應對。前面提到「鎘」時，引用了一段「科學非萬能」的報紙投書，投稿者主張的其實就是現實情況，在以臨在感理解事情的做法面前，透過語言說出的科學論證就顯得無力，現在亦同。二次大戰中如此，在戰後情況依舊不變。桶谷繁雄[19]記錄了一段他的經驗，當中國進行「大躍進」運動時，他從專業的冶金學角度論證中國的土法煉鋼方法，應該無法煉出鋼來，但是這樣的說法卻遭到強烈攻擊。沒有人相信冶金學者科學性、技術性的專業論述，卻對一排排土法煉鋼爐的壯觀相片有所反應。同樣的，日本發生清潔劑短缺恐慌事件時，無論廠商如何證明自己完全沒有惜售，也沒有減產，某公司社長甚至說過「那樣實在真的很讓人疲累」，像這種情況也是。無論這位社長如何證明清潔劑在倉庫裡堆積如山，人們就只對代議士等檢舉大隊提出的聳動相片與報導有反應。

現在又發生同樣的事了，前幾天核能發電的各種調查結果出爐，今井隆吉[20]博士非常驚訝地說：「都提供給那人資料了，最後那人手上擁有的資料量與其態度改變完全無關。」簡單說，針對核能發電的問題，花三、四個小時提供正確資訊，回答對方問題，對方應該已經完全理解了才對，然而對方的態度卻依舊不變。而讓對方看一張似乎否定剛才說明的相片，對方就有反應，這種情況與對土法煉鋼爐相片有反應的情況，原則上是相同的。這與桶谷教授將近二十年前的經驗極為類似——無論專家從學理上證明土法煉鋼不可行，就算人們理解那樣的論述，其態度也不會有所改變，而是對一張聳動的相片有反應。而這也正是戰爭中的狀態。與其說這樣的例子不勝枚舉，倒不如說找出反證比較困難。

那麼這樣的傾向只發生在日本人身上嗎？絕非如此。另外，否定影像並論證之，這樣的情況就會消失嗎？也絕非如此。有時非邏輯語言的堆疊透過了影像而被理解，人們以臨在感去理解這個影像並受其控制，典型的例子就是啟示文學（Apocalyptic Literature）。雖說啟示文學，在日本其實也只知道《啟示錄》而已，且也幾乎沒有人讀或研究。簡單說，這種文學就是依序提供某種「語言的影像」給讀者，藉此將讀者限制在某種狀態。然後，一旦被此狀態控制，無論在邏輯上如何被駁倒，其內心的想法也不會改變，就算論證的結果是自己最終將被殺害，其態度也不會改變，最後終究落入殉教的結果。啟示文學經常採取神話的風格，從這個方向來看，與其說二次大戰前的歷史教科書是「把神話當成事實傳授」，倒不如將歷史教科書視為某種啟示文學還比較合理，難怪被控制的人態度都不會改變，即使向他們證明日本將會毀滅，或是再這樣下去就只有死路一條。還有，這說明了日本並不是特別異常的民族。同為人類，遇到某種情況當然就會產生某種反應，因此如果被置於其他狀態，就只是做出其他反應而已。

19〔譯註〕日本金屬學家、評論員，亦為東京工業大學榮譽教授。

20〔譯註〕日本核能問題評論家、外交官。

為什麼會這樣？那是因為人們認為文字的描寫與圖像不具意識型態。然而，描寫與圖像其實都傳遞了某種想法，例如圖像學（iconography）就是專門研究圖像是如何傳遞想法，啟示文學也必須從這個觀點研究「透過語言堆疊連續的影像來表達思想的方法」。

以上述的角度閱讀日本的報紙，人們應該就能解開透過《啟示錄》的方式傳達某種想法，使讀者無法接受所有邏輯、論證的謎題。如果從這個觀點來研究戰時的報導、中國的報導、汙染的報導等，大家就會記得看似單純的重複描寫，其實就是《啟示錄》風格的傳遞，利用某種意識來控制人們，讓人們絕對不會改變態度。針對其中細部的探討，下次有機會再討論。

人不會因邏輯的說服而改變內心的態度，特別是在透過畫像、影像、語言的形象化，以臨在感理解對象並將其絕對化的日本，可以說根本是不可能的。對於把鎘視為「鎘」的人，就算與之辯論鎘是金屬、以同樣的手法論證護身符是紙、論證御真影跟示威時使用的遺像都是紙與相紙和印刷墨水等，都跟論證一本書也是紙與印刷墨水一樣的無能為力。瞭解到這樣的無力感，人為了對抗那種臨在感的「空氣」，就會潑上一般性的「水」。不過，在此不能忘記的是，無論是空氣或水，都是現在或過去的東西，與未來無關。因此，採用這個方法時，人的想法就必然得變得保守。可以說，進步的「空氣」其實必須是最保守的才行。還有，過去的水總是「潑」向「眼前能夠預測的未來現實」，藉此來因應現場的「空氣」。然而，這也是把所謂先進國的「現在」視為自己的未來，並透過臨在感的理解所推測的可能性，並不是嚴格意義上的未來。

有句話說「未來在神手中」，這句話可以從宗教的角度去理解，不過如果從現實中理解則更加明確，人類的手無法觸及未來，不只無法觸及明天的狀態，連一個小時、一分鐘後的狀態都無法觸及。簡言之，即使烤箱不小心突然滑到身邊，在還沒碰到身體之前，人體都不會有任何燒焦的感覺，就算是五分鐘前，人也無法事先碰觸到烤箱。如果要解釋中根千枝的說法，意思就是無論怎麼說明那個烤箱五分鐘後的未來碰觸到人體時，會產生什麼狀態，日本人也不會相信。簡短來說就是「人無法碰觸未來，未來只能由語言構成。但是，我等無法把語言構成的未來視為一個實體去理解，並在現實的應對上進行內心的改變」。以臨在感理解是因為只要沒有臨在，就無法理解，這是理所當然的。

同時，我們從來不曾親自以這樣的形式來構成語言。語言通常是啟示傳達的手段。這在日本的批評中也看得到，辯論時不批評對方的語言內容，而是針對對方進行不斷重複的描述，使讀者或第三者產生某種印象，透過對方回應此印象來決定辯論的勝負。這樣的結果產生的是「害怕世界上最嚴重的惡意中傷」，也就是受到批評的狀態。可以說極度害怕某種情境被創造出來，也害怕因為那樣的情境導致人心的改變。只是，只要「空氣」消失，這樣的情境也會消失，這樣就不可能透過辯論，利用語言建構精確的未來，甚至會產生人們不會確實感受到「語言建構的未來」之惡性循環。另一方面，察覺到這麼一來將不知如何是好卻「必須預測未來的團體」，例如企業，也傾向於將自己置於某種鎖國狀態，只待在那個密室裡，靠自己內部通用的語言建構自己的未來，在那樣建構而成的未來與現狀之間，處理自己面對的問題。這樣的做法又再度根據封閉團體內部的個人信義醞釀出忠誠度，「父與子互相隱瞞」的倫理則更加堅固。

假如這樣的狀態持續進行，恐怕日本將會分成擁有那種能力的團體，與沒有那種能力的一般人等兩邊。

於是，根據「空氣」所做出的行動，轉著轉著總有一天會勒死自己，因為無論願意與否，一定都會切實感覺到依照那樣的判斷行動，最後自己終將束手無策。戰後不久，這樣的情況多到令人厭煩，然而到了現代也是有同樣的感受。當汙染問題甚囂塵上，對於示威隊伍包圍「經團連」，要求「關閉日本所有工廠」的發言，某經濟記者還以毫不在乎的態度說「就做一次試試看啊」。這種基於臨在感理解所做出的行為，無法判斷自身那樣的行為最終將如何回過頭來影響自己，也意味著現在的社會正失去那樣的判斷力。如果歸納他們的想法，「只要沒有感覺到燒焦的熱度，他們就不明白，所以無論如何論證這麼做會有什麼後果，他們也聽不進去。既然如此，就乾脆讓他們燙傷一次」，可以看出這是一種放棄的態度，在戰爭時也有這樣的情況。然後，當事件結束，「空氣」消失，最後他們還會說同樣的話——就像是批評「美日的生產力、軍事力量的差異，或石油、糧食的預測等，連小學生都懂的計算，為什麼你們卻不懂……」，他們也會說「連小學生都知道停止所有工廠運作會發生什麼事，為什麼你們不知道」。雖然最後這樣的情況沒有發生，不過其間小規模的抗議還是持續不斷。還有，無論是這個時候或是發生清潔劑恐慌之時，人們不知不覺瞭解到，基於臨在感理解所做的直接行動，將為自己招致意想不到的後果，這也是現在有人會呈現某種無反應狀態的原因。

不過，這些人當中的某種菁英正在進行前述的作業。如果循序漸進的話，最後新的士大夫將統治一切，並回到「民可使由之，不可使知之」的儒教體制。而且，也有跡象顯示人們在內心某處，有部分認同回歸儒教體制。面對這樣的情況，「自由」能夠放在哪個位置呢？若想要找出這個答案，應該可以參考他們是透過什麼方式，又是如何擺脫啟示錄式控制的歷史。不過，等下次有機會再來討論這個問題，因為本書的主題是研究「空氣」，要先掌握其本質才行。

後記

本書是以我在《文藝春秋》連載的〈「空氣」之研究〉，與在《諸君！》上發表的〈「一般性」之研究〉、〈在事件之後〉等文章為基礎，嘗試探討潛藏於日本的傳統思想與內心秩序，以及基於這樣的背景所建構出來的隱藏體制。書名定為〈「空氣」之研究〉是因為此探討從「空氣」開始，最後又回到「空氣」，是由「空氣」貫通全場的主題。

「空氣控制」的歷史是從何時開始的呢？當然其根源始於以「臨在感」理解對象的行為本身，不過那樣的力道開始變得強大，可能是現代化進行的時期，至少在德川時代與明治初期時，領導者被「空氣」控制似乎是視為「可恥」的。就如「身為一個男人，被現場的空氣控制而輕舉妄動……」所呈現的，就算人類的存在不該被「空氣」控制，應該也不能說「以現在的空氣來說，那也是沒辦法的」。然而，隨著時代進入昭和時期，「空氣」的約束力量逐漸強大，曾幾何時大家把「當時的空氣」、「那個時代的空氣」視為某種無法抵抗的力量，同時被空氣約束的證明甚至能夠免除個人應負的責任。

並不是說現在就沒有抵抗，然而「潑水」這種一般性消除空氣的原則，畢竟是同一來源的不同作用所造成的空氣易位，那也不是抵抗。因此，對於易位成其他「空氣」的抵抗，就以堅持維持、持續目前的「空氣」之形態呈現，這樣反而招致空氣控制合理化的惡性循環。於是，現在抵抗空氣的行為才會被視為罪惡。這樣的情況也反應在前面提到的洛克希德事件中，不斷被提起的「不要曖昧不明」這句話。雖然這是主張譴責洛克希德事件的「空氣」要堅持下去，但是最終還是變得「曖昧不明」。那麼，到底為什麼會變得「曖昧不明」？這應該要另外寫一篇「曖昧不明的研究」來討論，不過「曖昧不明化的原則」當然是建立在「空氣與水」的關係上。

無論願意與否，「澈底追查洛克希德事件」的「空氣」，被「一般性的水」給潑散了。就算沒有人有意識地去潑「水」，高喊「澈底追查」的人的一般性本身，就對他自己的主張潑了「水」，所以只要那人是依賴著日本的一般性生存，對於「空氣」就無法堅持到「完成追查」，就跟今太閤[1]熱潮無法持續的情況一樣。

不用說，本來追究一件事這種需要耐性的持續性、分析作業，無法透過醞釀空氣來推動、持續、完成，必須不被空氣控制，擺脫空氣並獨立之後，才可能進行。因此，如果當真要進行持續性、分析性的追查，那麼被空氣約束、被空氣左右決定，就只會形成阻礙而已。無論對象為何，持續性、分析性的追究會套入自己的一般性，把追究本身化為自己的一般性，藉此才能夠擺脫約束，確保、持續自由的想像。主張利用空氣控制來進行追究，或說認為能夠把「控制、追究」合為一體的想法本身就是一種矛盾。對此不感覺矛盾就不可能依據自由的想法追究任何事。換言之，就如最前面說過的，以臨在感去理解對象就是放棄追究。

這也顯現人們雖然一邊喊著「不要曖昧不明」，卻沒有察覺到自己把「曖昧不明」的原因變得「曖昧不明」。可以說因為被「曖昧地反對」的空氣控制，所以「曖昧不明」地追究「曖昧不明」的原因，因此也「曖昧不明」地追究能夠毫不在意的自己的內心態度，這就是「空氣控制」。而且，至少可以確定昭和時期以前的日本人把「被現場空氣左右」視為丟臉的態度中，有著對自己的追究。

到底為什麼「自我追究」消失會導致空氣控制集權主義的獨裁化呢？假如我們沒有開始追究已消失的東西，那麼又應該追究其他什麼對象呢？如果西歐尋求改革是回到自己的根本，回到基本教義者的位置重新出發的話，那樣的做法應該也可以供我們做參考。新井白石是第一位對基本教義者的說法與現在的我們完全一樣的日本人，因

1〔譯註〕原義是對攝政或太政大臣的敬稱。田中角榮擔任日本首相後，因其非菁英的背景與苦學的經歷，在日本興起一陣「角榮風潮」，媒體甚至以「今太閤」、「庶民首相」等稱呼讚揚他。

此在〈後記〉中，我想用「五百年才出現一人」的新井白石的話來做結尾。

不用多做介紹的《西洋紀聞》，是新井白石向偷渡日本傳教的義大利傳教士喬瓦尼・巴蒂斯塔・西多蒂（Giovanni Battista Sidotti）請益的對話集，白石在書中對西多蒂是如此評論的。

「至於要解釋其教義，實在是一言難盡。智慧與痴愚倏忽變化，似乎出自二人之言。在此已知其所學的只是精通外在之形體與器物，只知所謂形而下之物，形而上之概念尚未聽聞。」

白石覺得從這個人口中聽到了「二人之言」。如果其中一方是智者所說的，另一方就是愚者所說。白石聽起來像是智者所說的，是西多蒂在人文科學上的知識，與世界情勢相關的廣泛認識，對此白石給予極高的評價。然後他聽起來像是愚者所說的，是西多蒂為了傳教而特地偷渡日本的基督教義。而且，與根本主義者的知名科學家、社會科學家交談時，所有人也都會有相同的感覺吧。然而，西多蒂是個把被白石視為智愚二人結合在一個人格中的人，這與驅使他來日本的那股力量，都不屬於白石所謂智者的那部分，而是愚者那邊，也可以說屬於閔采爾的非理性的部分。這個原則不僅僅是單純的基本教義者，從宗教改革以來，不，在那之前，就已經深根於他們的內在本質了。明治以來，不，自新井白石以來，我們只是一味把目光放在他們內在「智者的部分」，卻摒棄「愚者的部分」，直至今日。若伊藤博文是其中一部分，那麼戰後史也只不過是其中短短的一部分。此外，就算嘗試調查關於卡特的報導，日本的傳播媒體也絕對不能碰觸他那「愚者的部分」。

白石當然不是類似部分歐美人相信「黃禍論」的日本「白禍論者」。關於這點，他與從戰前到戰後一直以某種形態存在的「鬼畜美英的白禍論者」不同，他冷靜地檢討西多蒂的思考方式，最後得到的結論是：西多蒂教義的「愚者部分」不應該進入日本。他對於基督教的政策始終都是基於這個結論，可以說那樣的鎖國哲學至今仍舊控制著日本。

「……然而其宗教認為天主創造天、創造萬物，為大君大父（全能創造者）。我有父不愛，我有君不敬，這更是為不孝不忠。當然，侍奉大君理當盡心竭力。禮乃天子侍奉上帝之禮，諸侯以下絕不從事祭祀之事。此乃尊卑之分位，不應混淆。然而，臣以君為天，子以父為天，妻以夫為天。若是如此，侍奉君上即為忠，因此就是服侍天，侍奉父親即為孝，因此就是服侍天，侍奉夫君即為義，因此就是服侍天。三綱之常（君臣、父子、夫婦）以外，無其他侍奉天之道。假如有我君以外應服侍之大君，我父以外應服侍之大父，而其尊貴不及我君、父者，家中就不只二尊，國中就不只二君，蔑視君、蔑視父，這是何等嚴重之大事。例如其宗教蔑視君、蔑視父，其惡習甚深，也必定不可能反省弒其君、殺其父等行為。」

到底為什麼基督教不可行呢？簡單說，因為基督教違反以儒教為基礎的日式排序團體主義。在這種團體主義之下，個人不容許與「天」直接連結，個人必須以自己所屬的團體為「天」，該團體再以其上層的團體為「天」，人不能有「二尊」。假如認同基督教的觀念，則所有秩序都將瓦解，所以基督教是不可行的。這就是他的結論。

從這點來看，可以說西歐經常有「二尊」的觀念。他們當然認為個人與「天」直接聯繫，也規定人要經常以個人的身分面對神。因為「無法閃躲耶和華的臉」，所以人無法閃避與神面對面。這是白石從西多蒂口中聽到「二人之言」的結果，同時這也是我們從基本教義者口中聽到「二人之言」的理由。

而且，他們經常意識著這個「二人之言」，思考如何與自己的人格結合，且一直生活在那樣的緊張關係中。閔采爾、馬丁・路德、新教徒如此，二千年前的熱誠黨人也是如此。另一方面，我們的內在也有「二人之言」，現在應該也有，只是我們總是沒有意識到這點，每每聽到「現人神與進化論」時，才會察覺自己完全沒有意識到白石所謂的「天」與「西歐現代思想」之「二人之言」。為什麼沒有意識到呢？這其實就是臨在感理解的基本問題。可以說，看到對象的瞬間產生了移情作用，因此受到對象完全控制，所以經常一心向著「一人之言」。這也是我們在團體中不能有「二人之言」、完全被空氣控制的理由，同時也是因為體制中有「互相隱瞞」的倫理之故。

只是以前日本是儒教的道德體系，至少是以精神體系而存在的國家。人們基本上是活在這個體系之下，在這個體系中找到自己的定位，所以只要團體隸屬這體系，就不可能出現「二人之言」。不過，當團體被「空氣」控制，並做出與自己道德體系衝突的決定時，個人就「不會受到現場空氣影響」，而在自己內在體系所定義的位置定位自己，如此而形成某種「二人之人」。而且，明治以來的一貫做法就是一邊維持這個體系，一邊引進「智的部分」，在這方面來說，日本還是位於「白石路線」的延長線上。然而，這個「智的部分」與「愚的部分」實屬一個人格，顯然白石排除的「愚的部分」也避免不了改變成「愚」的形態而混進來。就算一邊積極引進西歐文明，一邊戒除「西方崇拜」，白石以「形而上、形而下」的區分方式來分別「日本的精神文明、西歐的物質文明」，並以這種奇妙的區分方式定義「在物質文明上不如他們，在精神文明上比他們優秀」，藉以排除西方「愚的部分」，但是「在一個人格當中區分智愚」本來就是不合理的命題。所以西多蒂始終以西多蒂這個人的身分前來日本，也是很合理的。

在此，假如真的要以我們的根本主義來思考「進步」，就必須把重新理解這點作為出發。當然有人提出「回歸白石」，這跟主張現在的美國回歸朝聖先輩時代一樣，不，應該說更不可能。戰後，表面上我們已經清除自己內在儒教精神體系視為「傳統愚的部分」，留下來的只剩下「空氣」，但是由於已經無法以「現人神與進化論」的形式驗證自己，所以連自己都無法理解自身遵從的規範，是基於哪種傳統而來的。因此，連空氣實際上如何影響我們、如何約束我們等，都搞不清楚，所以就算被控制，也無法掌握控制我們的如空氣般的對象。有時候空氣就宛如「本能」一樣附在每個人身上，以這樣的形態控制每個人。這種情況也出現在汙染問題等議題，也就是「科學問題」的最終決定是根據其他標準而定。

結果以民主主義之名「消失」的東西看起來是消失了，其實是化為隱形的空氣與透明的水控制著我們。要如何解開那樣的詛咒、脫離詛咒呢？想要做到這點，就要重新理解那樣的詛咒。只有這個方法才是脫離之道。當我們理解了某事之後，就能夠反過來以自己的力量控制以往控制自己的東西，並且更進一步前進到別的位置。真正能夠理解「空氣」時，就擺脫了空氣的控制。

人類的進步通常就像這樣，一步一步慢慢累積，除此之外沒有其他進步的方法。如果讀者能夠透過本書理解控制自己的「空氣」，藉此脫離控制的話，那就已經踏出實現此奇妙研究目的的第一步了。希望本書在這方面能對讀者有所助益。

浮世繪65

「空氣」之研究

解析隱藏在日本人心中的決策機制：「讀」空氣

「空気」の研究

作　　者　山本七平
譯　　者　陳美瑛
責任編輯　賴譽夫
封面設計　一瞬設計　蔡南昇
排　　版　L&W Workshop

編輯出版　遠足文化
行銷企劃　尹子麟、余一霞、汪佳穎
行銷總監　陳雅雯
副總編輯　賴譽夫
執 行 長　陳蕙慧
社　　長　郭重興
發行人兼出版總監　曾大福
發　　行　遠足文化事業股份有限公司
23141新北市新店區民權路108之2號9樓
代表號：(02)2218-1417　傳真：(02)2218-0727
客服專線：0800-221-029　Email：service@bookrep.com.tw
郵政劃撥帳號：19504465　戶名：遠足文化事業股份有限公司
網址：http://www.bookrep.com.tw

法律顧問　華洋法律事務所　蘇文生律師
印　　製　韋懋實業有限公司
初版一刷　2021年12月

ISBN　978-986-508-120-1
定　　價　360元

國家圖書館預行編目資料

「空氣」之研究：解析隱藏在日本人心中的決策機制：「讀」空氣／山本七平 著；陳美瑛 譯
一初版.一 新北市：遠足文化事業股份有限公司，2021.12
244面；14.8×21公分（浮世繪65）
譯自：「空気」の研究
ISBN 978-986-508-120-1（平裝）
1.民族文化 2.民族性 3.社會問題 4.日本

535.731　110017035